MUSÉE DE REIMS

CATALOGUE SOMMAIRE

DE LA

COLLECTION HENRY VASNIER

PEINTURES, PASTELS, AQUARELLES, DESSINS
GRAVURES, LITHOGRAPHIES, ÉMAUX, TAPISSERIE, SCULPTURES
IVOIRES, CIRES, BISCUITS, GRÈS
ÉTAINS, VERRERIES, CÉRAMIQUES, LIVRES, MEUBLES

PAR

Mme M. SARTOR

REIMS

AU MUSÉE, 8, RUE CHANZY

—

1913

MUSÉE DE REIMS

CATALOGUE SOMMAIRE

DE LA

COLLECTION HENRY VASNIER

ABRÉVIATIONS

T...............	Toile.
B...............	Bois.
H...............	Hauteur.
L...............	Largeur.
Fig.............	Figure.
Gr. nat.........	Grandeur nature.
Pet. nat........	Petite nature.
Fig. en buste...	Figure en buste.
Fig. à mi-corps.	Figure à mi-corps.
Fig. jusq. gen..	Figure jusqu'aux genoux.
Exp.............	Exposition.
Exp. Univ.......	Exposition Universelle.
Gal.............	Galerie.

MUSÉE DE REIMS

CATALOGUE SOMMAIRE

DE LA

COLLECTION HENRY VASNIER

PEINTURES, PASTELS, AQUARELLES, DESSINS
GRAVURES, LITHOGRAPHIES, ÉMAUX, TAPISSERIE, SCULPTURES
IVOIRES, CIRES, BISCUITS, GRÈS
ÉTAINS, VERRERIES, CÉRAMIQUES, LIVRES, MEUBLES

PAR

Mme M. SARTOR

REIMS
AU MUSÉE, 8, RUE CHANZY

1913

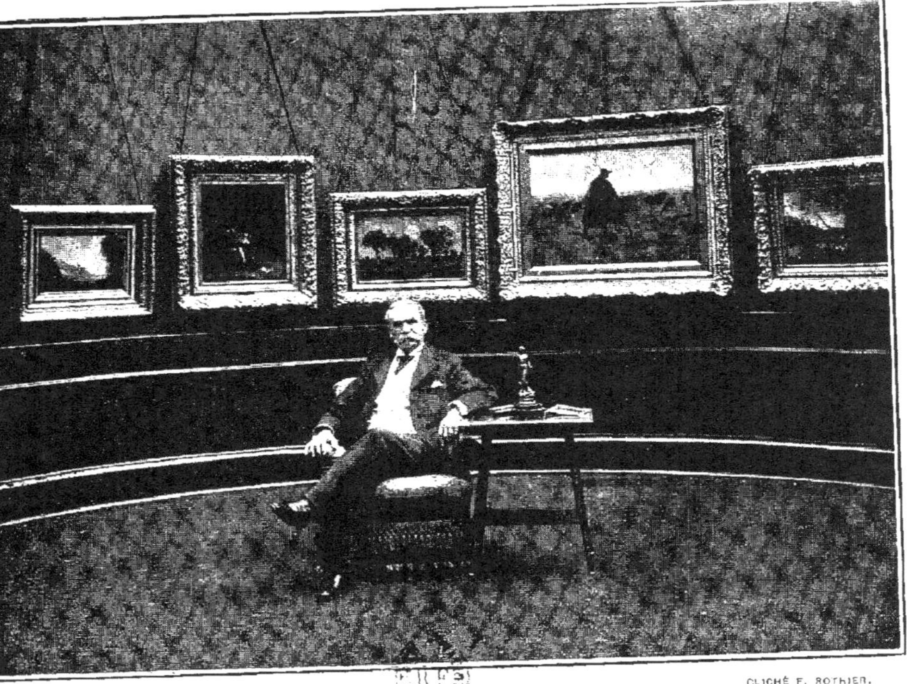

CLICHÉ F. ROTHIER.

M. Henry Vasnier.

INTRODUCTION

M. Henry Vasnier [1], chevalier de la Légion d'honneur, membre d'honneur du Salon d'automne, associé et collaborateur de la maison Pommery [2], mécène discret et généreux, mourait subitement à Reims, le 28 février 1907. Par son testament olographe du 25 janvier 1906, M. Henry Vasnier léguait au Musée de Reims l'ensemble de ses collections estimées 1.500.000 francs [3], sous réserve qu'elles seraient réunies dans une salle unique et qu'aucun tableau ou objet d'art n'en serait exclu [4]. Il donnait en outre 100.000 fr. pour leur installation.

Ce don princier, reçu avec la plus grande reconnaissance, n'en constituait pas moins une charge fort lourde pour le budget municipal en raison des conditions imposées :

1º Elles mettaient la ville dans l'obligation de construire ou d'aménager, à bref délai, un local susceptible

1. Né à Paris le 28 avril 1832.
2. Depuis le 18 mars 1856.
3. D'après l'expertise de M. Georges Petit.
4. L'extrait du testament nous a été communiqué par M. Raïssac, le bienveillant secrétaire en chef de la mairie : il nous permettra de lui en exprimer toute notre reconnaissance.

de recevoir un legs de cette importance ainsi que toutes
les collections de l'Hôtel de ville qui, jusqu'à ce jour,
malgré la place restreinte dont on disposait, avaient été
mises si bien en valeur par notre dévoué et vigilant con-
servateur M. Henri Jadart ;

2° elles l'obligeaient à exposer des tableaux ou des
objets d'art dont le rôle décoratif, ayant sa raison d'être
dans une galerie particulière, pouvait jeter une ombre
sur une collection composée cependant d'œuvres de
premier ordre.

Pour le bon renom du collectionneur une sélection
s'imposait.

Malgré ces inconvénients, la Municipalité fit bien les
choses. La transformation des bâtiments du grand sémi-
naire [1], acheté par la ville au département, en 1908,
confiée à M. Ernest Brunette, le distingué architecte
rémois, donna des résultats heureux et le nouveau palais
des Beaux-Arts, avec son aspect de bon aloi, ses accès
faciles, ses vastes salles bien éclairées, ses parterres fleu-
ris, est vraiment digne de recevoir les œuvres de prix
qui lui sont confiées.

Dans cette organisation supérieure, le rôle important
revient indiscutablement au premier magistrat de la
ville, M. le Docteur Langlet qui, en dehors de ses fonc-

---

1. Ancienne abbaye de Saint-Denis, siège du district à la Révo-
lution, achetés selon le vote du Conseil municipal du 23 octobre
1908 au prix de 300.000 francs (H. Jadart. *Le nouveau Musée des
Beaux-Arts de la ville de Reims*).

tions administratives et de ses occupations multiples, a su mener à bonne fin, grâce à son activité prodigieuse, une tâche qui aurait fait reculer les plus courageux. En attachant son nom à une œuvre aussi passionnante, M. le Docteur Langlet a mérité les éloges et la reconnaissance de ses concitoyens. Fiers, à juste titre de leur nouveau Musée, ils ne les lui marchanderont pas.

Quant aux étrangers, aux visiteurs, ceux qui étudient comme ceux qui admirent, ils porteront au loin le nom du Musée de Reims qui va devenir, grâce aux dons des Lundy, des Warnier-David, des Henry Vasnier et de tous les généreux donateurs rémois que nous regrettons de ne pouvoir nommer ici, un des plus intéressants Musées de France par la qualité et la quantité des œuvres exposées sous les noms les plus fameux des maîtres de la peinture française au XIXe siècle.

Peu soucieux de peintures anciennes (seul le XVIIIe siècle est représenté par Nattier, le maître du portrait, et Colte, miniaturiste inconnu de l'École anglaise), M. Henry Vasnier a surtout recherché les œuvres de l'École française dans ses diverses évolutions durant le cours du siècle dernier.

A part des répétitions un peu étendues, des exclusions regrettables, qui seront certainement comblées dans l'avenir par d'autres donateurs, l'ensemble des tableaux mérite notre admiration et notre gratitude.

Nous diviserons en cinq périodes distinctes les Écoles française et étrangères qui composent cette collection :

1° Les Précurseurs ;

2° l'École dite de 1830 et ses divers groupes : paysagistes, romantiques, naturalistes, orientalistes, créateurs de l'École moderne et de l'École dite de Barbizon ;

3° l'École de 1848, date culminante pour l'histoire de l'art par sa réaction réaliste indiquée ici par les néogrecs, les réalistes, les peintres de genre, de la vie moderne et le précurseur de l'impressionnisme ;

4° le second Empire, avec ses idéalistes, paysagistes, modernistes et impressionnistes ;

5° la République, sous laquelle se manifestent le réveil artistique, l'apogée de la peinture décorative et impressionniste, l'école du plein air, l'idéal populaire, le caractérisme, la fantaisie ; et enfin, après l'Exposition de 1889 et la scission des salons, le grand siècle de la peinture se fermera sur la réaction poétique et coloriste, les influences d'Outre-Manche, les Orientalistes, le Cycle breton, malicieusement appelé : la bande noire et l'école de Pont-Aven. L'exposition de la collection permettra au public de se rendre compte avec quel intérêt M. Henry Vasnier suivait la jeune École dans ses diverses manifestations.

Les artistes français sont représentés par 250 peintures et 91 pastels, aquarelles, dessins et gravures.

Les artistes étrangers, par 24 peintures. Dans la grande et petite sculpture, le nombre d'œuvres est restreint ; mais la qualité l'emporte et les 54 marbres, bronzes, pierres, cires, ivoires, biscuits, grès sont dus aux ciseaux les plus en renom.

Pour les objets d'art :

Les émaux, étains, verreries, céramiques, poteries, reliures, appartiennent tous à des noms connus et recherchés. Quant aux meubles, ils ont été complètement sacrifiés par suite d'une interprétation judiciaire qui a enlevé au Musée de Reims une salle à manger exposée aux Salons de 1892 et 1893, dont le buffet, une merveille d'art inspirée du génie de Gallé, avait fait l'admiration des visiteurs du Champ de Mars et de la Galerie du boulevard Lundy.

Des beaux meubles du célèbre maître-ébéniste nancéen, il ne reste qu'une commode, intéressante il est vrai, mais bien petite œuvre en comparaison de celle dont nous regrettons l'absence.

Dans cette collection où les artistes locaux, sculpteurs et peintres, figurent avec honneur, on s'étonne de n'y point rencontrer le nom de Paul Bocquet le paysagiste justement apprécié des amateurs de belle et vigoureuse peinture et l'on regrette que quelques « Bords de la Vesle [1] » dont le jeune et consciencieux artiste s'est fait une spécialité, ne mettent pas leur note attrayante dans le groupe des sites champenois.

Il nous reste à dire comment nous avons établi le catalogue sommaire que nous présentons aujourd'hui au public et celui plus détaillé qui paraîtra prochainement.

[1]. Bien souvent cités par M. Roger Marx, l'éminent critique.

M. Henry Vasnier voulant, de son vivant, faire éditer un catalogue de luxe [1], avait conservé avec soin, de ses nombreux achats, divers documents qui devaient servir à l'établir. Grâce à l'obligeance de M. Edmond Poiret, nous avons puisé dans le dossier, qu'il avait très intelligemment classé, une partie des renseignements qui nous étaient nécessaires. Nous sommes heureuse de lui en témoigner encore une fois toute notre gratitude.

Pour le reste, les propriétaires de galeries de tableaux ou d'objets d'art sont venus à notre secours, soit en rectifiant certains titres ou en nous donnant une nomenclature détaillée des achats faits chez eux. Les artistes nous secondèrent aussi de leur mieux. A toutes ces bonnes volontés réunies nous adressons un reconnaissant merci.

Nous avons placé en tête du catalogue le portrait du donateur, assis dans l'hémicycle de sa grande galerie, et la table des abréviations.

Nous avons suivi l'ordre alphabétique pour les noms d'artistes et un seul numérotage facilitera les recherches des visiteurs.

A la fin du présent volume, le lecteur trouvera à la table des matières, les divers classements des œuvres exposées.

---

1. M. Jules Augry, directeur de l'imprimerie Georges Petit lui avait même remis un devis approximatif. La mort du collectionneur mit fin aux pourparlers engagés.

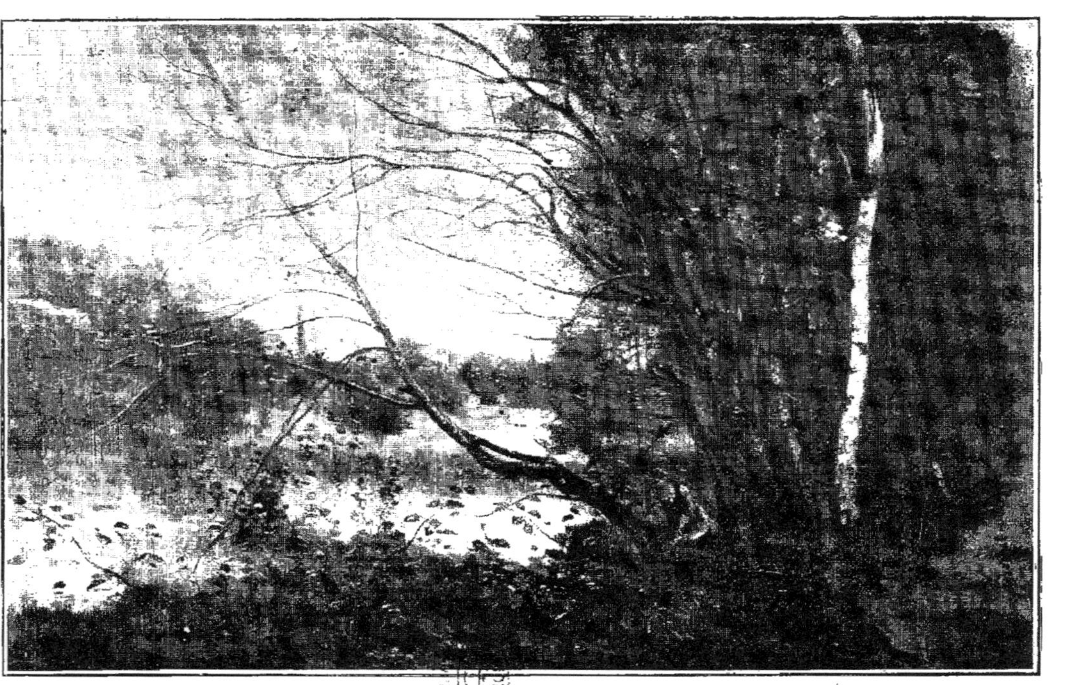

CLICHÉ F. ROTHIER.

66. — COROT. L'Étang à l'arbre penché.

MUSÉE DE REIMS

COLLECTION HENRY VASNIER

PEINTURE

I. ÉCOLE FRANÇAISE, XVIIIᵉ SIÈCLE

NATTIER (Jean-Marc). Paris, 1685 ✝ 1766.

    1. *Portrait de Madame Adélaïde de France, fille de Louis XV.*

T. H., o ᵐ 343 ; L., o ᵐ 295. Fig. en buste gr. nat. Acheté vente Tabourier, 1898.

II. ÉCOLE FRANÇAISE, XIXᵉ SIÈCLE

ABBÉMA (Mˡˡᵉ Louise). Étampes (Seine-et-Oise), 1855.

    2. *L'hiver.*

T. H., o ᵐ 985 ; L., o ᵐ 547. Fig. jusq. gen. gr. nat. Portrait de Mˡˡᵉ Renée Delmas, dite Renée de Pontry. Acheté Exp. de Reims, 1877.

BARAU (Émile). Reims, 1851.

    3. *Chaumières dans les dunes à Skagen (Danemark).*

B. H., o ᵐ 68 ; L., 1 ᵐ 10. Acheté à l'artiste, 1898.

    4. *L'été en Champagne.*

T. H., o ᵐ 415 ; L., o ᵐ 736. Acheté à l'artiste, 1885.

    5. *La Vesle à Sept-Saulx.*

T. H., o ᵐ 63 ; L., o ᵐ 945. Acheté Exp. de Reims, 1886.

    6. *Le printemps à Billy.*

T. H., o ᵐ 437 ; L., o ᵐ 692. Acheté Hôtel Drouot, 1887.

7. *Le vieux garde Nocart à Semide (Ardennes).*

T. H., 0 ᵐ 465 ; L., 0 ᵐ 525. Fig. en buste gr. nat. Offert par l'artiste, 1887.

8. *Vue sur Reims.*

T. H., 0 ᵐ 45 ; L., 0 ᵐ 492. Acheté Exp. de Reims, 1894.

9. *Vue sur Chenay.*

T. H., 0 ᵐ 60 ; L., 0 ᵐ 49. Acheté à l'artiste, 1896.

10. *Matinée d'été à Chenay.*

T. H., 0 ᵐ 488 ; L., 0 ᵐ 376. Même provenance.

11. *Lieu dit Les Tournelles.*

T. H., 0 ᵐ 801 ; L., 0 ᵐ 61. Même provenance.

12. *Près Semide (Ardennes).*

T. 0 ᵐ 525 ; L., 0 ᵐ 695. Esquisse. Offert par l'artiste.

13. *Soleil d'octobre.*

T. 0 ᵐ 803 ; L., 0 ᵐ 613. Acheté à l'artiste, 1901.

14. *Au Bois de Boulogne.*

T. 0 ᵐ 488 ; L., 0 ᵐ 597. Acheté exp. des œuvres de l'artiste, Reims, 1906.

BÉRAUD (Jean). Saint-Pétersbourg, de parents français, 1849.

15. *La prière.*

T. H., 0 ᵐ 707 ; L., 0 ᵐ 499. Fig. 0 ᵐ 45. Acheté M. Rouam, 1883.

BESNARD (Albert). Paris, 1849.

16. *Matinée d'été.*

B. H., 0 ᵐ 372 ; L., 0 ᵐ 451. Fig. en buste gr. nat. Acheté à l'artiste, 1887.

BINET (Adolphe). La rivière-Saint-Sauveur (Calvados), 1854 † Saint-Aubin-Juillebœuf, 1897.

17. *Le pêcheur.*

T. H., 0 ᵐ 725 ; L., 0 ᵐ 925. Fig. pet. nat. Acheté Exp. de Reims, 1894.

18. *Le denier de la veuve.*

T. H., 1 ᵐ 49 ; L., 1 ᵐ 185. Fig. gr. nat. Acheté à l'artiste, 1895.

19. *Margot.*

T. H., 1 ᵐ 15 ; L., 0 ᵐ 878. Fig. à mi-corps gr. nat. Même provenance.

20. *Les pêcheurs.*

T. H., 0 m 642 ; L., 0 m 802. Fig. pet. nat. Même provenance.

21. *Temps clair.*

T. H., 0 m 322 ; L., 0 m 402. Même provenance.

BLANCHE (Jacques-Émile). Paris, 1861.

22. *Le chérubin de Mozart.*

T. H., 1 m 548 ; L., 1 m 16. Fig. gr. nat. Acheté à l'artiste, 1904.

23. *Dahlias et capucines (urne d'argent).*

T. H., 0 m 798 ; L., 0 m 64. Acheté gal. G. Petit, 1906.

24. *Dahlias et capucines (urne d'argent).*

T. H., 0 m 798 ; L., 0 m 64. Même provenance.

25. *Hortensias (grande chaleur).*

T. H., 0 m 637 ; L., 0 m 797. Même provenance.

BONVIN (François). Vaugirard (Paris), 1817 † Saint-Germain-en-Laye, 1887.

26. *L'Ecureuse.* ·

T. H., 0 m 612 ; L., 0 m 41. Fig. 0 m 42. Acheté gal. Tempelaëre, 1890.

27. *Le déjeuner.* ·

B. H., 0 m 40 ; L., 0 m 295. Même provenance, 1884.

BOUDIN (Eugène). Honfleur (Calvados), 1825 † Deauville, 1898.

28. *Le port de Bordeaux, vu du quai de Bacalan.*

T. H., 0 m 35 ; L., 0 m 568. Acheté vente de Lancey, 1890.

29. *Le port de Bordeaux, vu du quai des Chartrons.*

T. H., 0 m 522 ; L., 0 m 88. Même provenance.

30. *Plage de Berck.*

T. H., 0 m 435 ; L., 0 m 733. Même provenance.

31. *Le port de Trouville.*

T. H., 0 m 491 ; L., 0 m 74. Acheté gal. Durand-Ruel, 1890.

32. *La marée montante (baie de Saint-Valéry).*

T. H., 0 m 491 ; L., 0 m 74. Même provenance.

33. *Troupeau s'abreuvant.*

T. H., 0 m 78 ; L., 1 m 08. Acheté héritiers Delius, à Reims, 1895.

34. *Berck : Le départ des barques.*
T. H., 0 ^m 767 ; L., 1 ^m 087. Acheté à l'artiste, 1890.

35. *Berck ; Le retour des barques.*
T. H., 0 ^m 765 ; L., 1 ^m 085. Même provenance.

36. *Un coin de ferme (environs de Dunkerque).*
T. H., 0 ^m 451 ; L., 0 ^m 641. Même provenance.

37. *Venise.*
B. H., 0 ^m 20 ; L., 0 ^m 388. Acheté vente Boudin, 1899.

38. *Venise.*
B. H., 0 ^m 19 ; L., 0 ^m 392. Même provenance.

39. *Venise.*
B. H., 0 ^m 20 ; L., 0 ^m 385. Même provenance.

40. *La Touques. Le matin.*
B. H., 0 ^m 23 ; L., 0 ^m 181. Acheté vente Aug^{te} Rousseau, 1900.

BRAQUAVAL (Louis). Lille, vers 1858.

41. *Rue Soufflot.*
T. H., 0 ^m 488 ; L., 0 ^m 60. Acheté gal. Durand-Ruel, 1904.

42. *La place Saint-Michel, à Paris.*
B. H., 0 ^m 635 ; L., 0 ^m 447. Même provenance.

43. *Le marché de Cayeux-sur-Mer.*
B. H., 0 ^m 37 ; L., 0 ^m 45. Même provenance, 1906.

44. *L'église d'Athies (Somme).*
B. H., 0 ^m 365 ; L., 0 ^m 45. Même provenance.

BRILLOUIN (Georges). Saint-Jean-d'Angély (Charente-Inférieure), 1817 † 1897.

45. *Pins et dunes à Royan.*
B. H., 0 ^m 235 ; L., 0 ^m 315. Acheté vente Brillouin, 1884.

BRISSOT DE WARVILLE (Félix). Véron (Yonne), 1818 † 1892.

46. *Paysage.*
B. H., 0 ^m 23 ; L., 0 ^m 315. Acheté vente Soucaret, 1905.

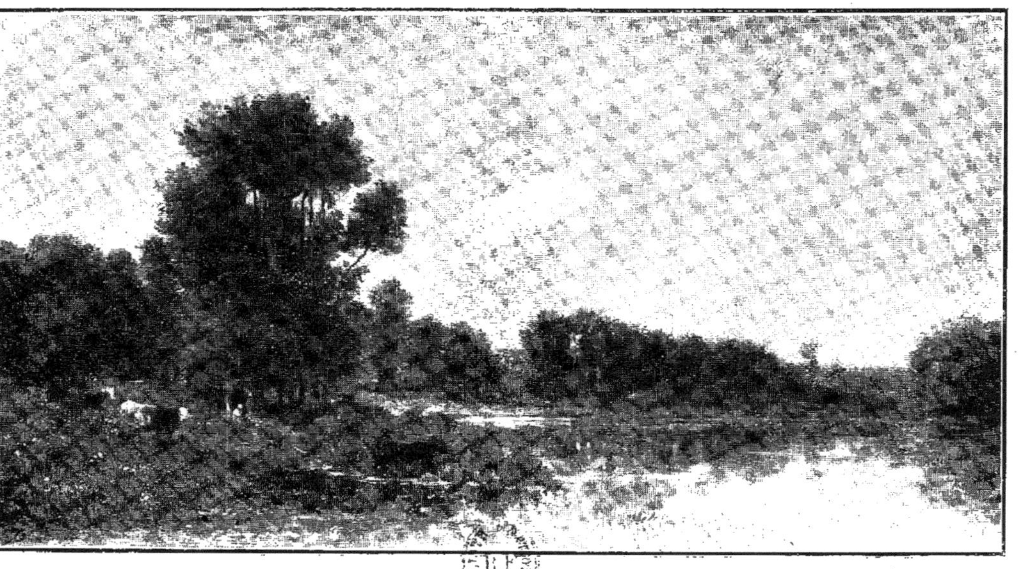

CLICHÉ F. ROTHIER.

76. — DAUBIGNY. Bords de l'Oise.

BROWN (John-Lewis). Bordeaux, 1829 † Paris, 1890.

47. *Promenade du matin.*

T. H., 1 ᵐ 149 ; L., 0 ᵐ 878. Fig. pet. nat. Provenance inconnue.

CABAT (Louis). Paris, 1812 † même ville, 1893.

48. *La route en forêt.*

T. H., 0 ᵐ 405 ; L., 0 ᵐ 595. Acheté vente Gunzbourg, 1892.

CARO-DELVAILLE (Henry). Bayonne, 1876.

49. *Femme nue.*

T. H., 1 ᵐ 483 ; L., 1 ᵐ 785. Fig. gr. nat. Acheté à l'artiste, 1903.

CAZIN (Jean-Charles). Samer (Pas-de-Calais), 1841 † Lavaudon (Var), 1901.

50. *Paysage. Clair de lune.*

T. H., 0 ᵐ 268 ; L., 0 ᵐ 208. Acheté gal. G. Petit, 1884.

51. *Château (Écosse).*

T. H., 0 ᵐ 60; L., 0 ᵐ 49. Acheté à l'artiste, 1887.

52. *La route (Seine-et-Marne).*

T. H. 0 ᵐ 577 ; L., 0 ᵐ 717. Même provenance.

53. *Paysage. Villa Cazin à Equihen.*

B. H., 0 ᵐ 201 ; L., 0 ᵐ 25. Même provenance.

54. *Bruyères en Écosse.*

T. H., 0 ᵐ 524 ; L., 0 ᵐ 635. Même provenance.

55. *Ruines de l'ancien port de 1804 à Wimereux.*

T. H., 0 ᵐ 865 ; L., 1 ᵐ 125. Acheté vente Desfossés, 1899.

56. *Cultures (Seine-et-Marne).*

T. H., 0 ᵐ 366 ; L., 0 ᵐ 448. Acheté à l'artiste, 1899.

57. *Le pont.*

T. H., 0 ᵐ 321 ; L., 0 ᵐ 45. Acheté vente L. Bernard, 1901.

58. *Paysage (Abbeville).*

B. H., 0 ᵐ 315 ; L., 0 ᵐ 401. Acheté vente Humbert, 1902.

CHAPLIN (Charles). Les Andelys (Eure), 1825 † Paris, 1891.

59. *Rêverie.*

T. H., 0 ᵐ 515 ; L., 0 ᵐ 36. Fig. en buste pet. nat. Acheté Paris.

60. *Le sommeil.*

T. H., o ᵐ 457 ; L., o ᵐ 25. Acheté vente Hartmann, 1899.

CHENU (Fleury). Briançon (Hautes-Alpes), 1833 † Lyon, 1875.

61. *Paysage. Effet de neige.*

B. H., o ᵐ 29 ; L., o ᵐ 384. Acheté à Verdier, Maison Dorée, 1883.

CHINTREUIL (Antoine). Pont-de-Vaux, 1816 † Septeuil (Seine-et-Oise), 1873.

62. *Paysage.*

T. H., o ᵐ 406 ; L., o ᵐ 565. Même provenance.

COLLIN (Raphaël). Paris, 1850.

63. *Adolescence.*

T. H., o ᵐ 797 ; L., o ᵐ 587. Acheté Exp. Reims, 1890.

COROT (Camille). Paris, 1796 † Ville-d'Avray, 1875.

64. *Villeneuve-lez-Avignon.*

T. H., o ᵐ 383 ; L., o ᵐ 56. Acheté gal. G. Petit, 1884.

65. *Gouvieux près Chantilly.*

T. H., o ᵐ 24 ; L., o ᵐ 34. Acheté vente Augᵗᵉ Rousseau, 1900.

66. *Ville-d'Avray. L'étang à l'arbre penché.*

T. H., o ᵐ 427 ; L., o ᵐ 64. Acheté vente Ch. Noël, 1891.

67. *La pêche en barque auprès des saules.*

T. H., o ᵐ 528 ; L., o ᵐ 678. Acheté gal. Durand-Ruel, 1890.

68. *Le Vallon au Cavalier.*

T. H., o ᵐ 323 ; L., o ᵐ 46. Acheté vente Jules Rœderer du Havre, 1891.

69. *La prairie (vue de Saint-Cloud).*

B. H., o ᵐ 245 ; L., o ᵐ 405. Acheté vente Jules Paton, 1883.

COTTET (Charles). Le Puy (Haute-Loire), 1863.

70. *Vieille marchande de poissons en Bretagne.*

Peint sur carton. H., o ᵐ 534 ; L., o ᵐ 338. Fig. en buste, gr. nat. Acheté gal. G. Petit, 1896.

71. *Dans le port.*

Toile collée sur bois. H., o ᵐ 46 ; L., o ᵐ 55. Acheté gal. G. Petit, 1897.

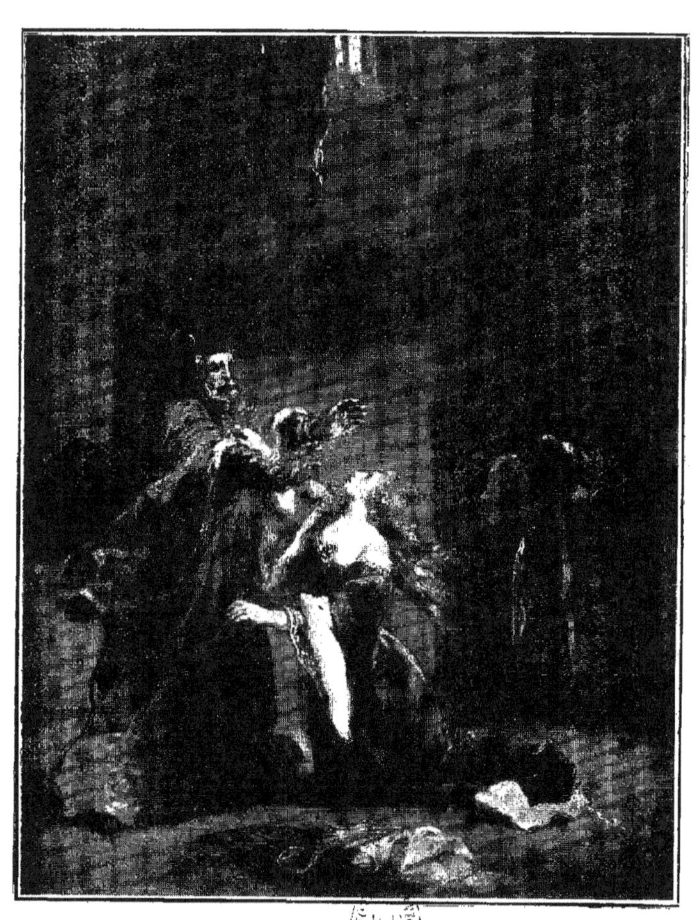

72. *La côte près le Cap de la Chèvre.*
H., 0 m 79 ; L., 0 m 99. Acheté à l'artiste, 1903.

COURBET (Gustave). Ornans (Doubs), 1819 † Tour-de-Peilz (Suisse), 1877.

73. *Bords du lac Léman.*
T. H., 0 m 60 ; L., 0 m 49. Acheté vente duc de Bassano, 1882.

DALIPHARD (Édouard). Rouen, 1833 † 1877.

74. *Bords de la Seine à Migneaux, près de Poissy (Seine-et-Oise).*
T. H., 0 m 389 ; L., 0 m 313. Acheté à l'artiste, 1872.

75. *Bords de la Bresle à Blangy (Seine-Inférieure).*
T. H., 0 m 323 ; L., 0 m 238. Acheté Exp Reims, 1874.

DAUBIGNY (Charles). Paris, 1817 † même ville, 1878.

76. *Bords de l'Oise.*
B. H., 0 m 319 ; L., 0 m 562. Acheté vente Clapisson, 1885.

77. *Bords de l'Oise.*
B. H., 0 m 205 ; L., 0 m 315. Acheté vente Balensi, 1885.

78. *Ruisseau sous bois.*
B. H., 0 m 38 ; L., 0 m 656. Acheté à M. Brisset, Reims, 1886.

79. *Paysage. Temps d'orage.*
B. H., 0 m 292 ; L., 0 m 478. Acheté à Paris, 1888.

80. *Paysage. Étang.*
B. H., 0 m 29 ; L., 0 m 437. Même provenance.

DAUMIER (Honoré). Marseille, 1808 † Valenciennes, 1879.

81. *Le peintre.*
B. H., 0 m 39 ; L., 0 m 302. Même provenance, 1900.

DAVID-NILLET (Germain). Paris, 1861.

82. *Le convalescent.*
T. H., 0 m 675 ; L., 0 m 59. Fig. à mi-corps gr. nat. Acheté à l'artiste, 1904.

83. *La mère.*
T. H., 1 m 29 ; L., 1 m 23. Fig. à mi-corps, gr. nat. Même provenance.

DECAMPS (Gabriel). Paris, 1803 † Fontainebleau, 1860.

84. *Diogène.*

T. H., 0 m 221 ; L., 0 m 301. Acheté vente Goldschmit, 1888.

85. *Souvenir de Turquie d'Asie.*

T. H., 0 m 306 ; L., 0 m 548. Acheté vente E. Gaillard, 1904.

86. *Le capucin collecteur.*

B. H., 0 m 17 ; L., 0 m 234. Fig. 0 m 118. Acheté vente Moreau-Nélaton, 1900.

87. *Incendie d'un village italien.*

T. H., 0 m 30 ; L., 0 m 372. Acheté coll. Desmoulin, Reims, 1875.

DECAMPS (attribué à).

88. *Gros temps. Marine.*

T. H., 0 m 635 ; L., 0 m 522. Acheté vente Disant, 1870.

DELACROIX (Eugène). Charenton, 1799 † Paris, 1863.

89. *Desdemona maudite par son père.*

T. H., 0 m 595 ; L., 0 m 49. Fig. 0 m 33. Acheté gal. Arnold et Tripp, 1892.

DETAILLE (Édouard). Paris, 1848 † même ville, 1912.

90. *La charge.*

T. H., 0 m 547 ; L., 0 m 416. Acheté vente Valtesse de la Bigne, 1902.

DIAZ DE LA PENA (Narcisse). Bordeaux, 1808 † Menton, 1876.

91. *Une clairière.*

B. H., 0 m 33 ; L., 0 m 403. Acheté vente duc de Bassano, 1882.

92. *Le Temple de l'Amour.*

T. H., 0 m 451 ; L., 0 m 641. Fig. 0 m 27. Acheté vente van den Eynde, 1897.

93. *Supplice turc.*

T. H., 0 m 394 ; L., 0 m 314. Fig. 0 m 195. Acheté vente Mme S., 1883.

94. *Société élégante dans un parc.*

T. H., 0 m 263 ; L., 0 m 403. Provenance inconnue.

DINET (Étienne). Paris, 1861.

95. *Laveuses.*

T. H., 0 m 60 ; L., 0 m 492. Fig. à mi-corps, pet. nat. Acheté gal. Durand-Ruel, 1896.

96. *Sur les terrasses. Clair de lune (Laghouat).*

T. H., 0 m 45 ; L., 0 m 71. Fig. pet. nat. Même provenance, 1898.

97. *Au bord de l'Oued.*

T. H., 0 m 489 ; L., 0 m 72. Fig. pet. nat. Même provenance, 1899.

98. *La balançoire.*

T. H., 1 m 29 ; L., 1 m 08. Fig. gr. nat. Même provenance, 1900.

99. *Le printemps des cœurs.*

T. H., 0 m 92 ; L., 0 m 81. Fig. gr. nat. Acheté gal. Allard, 1905.

DUBOIS (Paul). Nogent-sur-Seine (Aube), 1829 † Paris, 1905.

100. *Étude.*

B. H., 0 m 315 ; L., 0 m 234. Fig. en buste, pet. nat. Acheté Exp. de Reims, 1884.

DUPRÉ (Jules). Nantes, 1811 † l'Ile-Adam, 1889.

101. *L'abreuvoir.*

T. H., 0 m 275 ; L., 0 m 442. Acheté vente Aug^{te} Rousseau, 1900.

102. *Le moulin.*

B. H., 0 m 22 ; L., 0 m 355. Acheté vente Narischkine, 1883.

103. *Une rue du Crotoy.*

T. H., 0 m 457 ; L., 0 m 372. Acheté vente Aug^{te} Courtin, 1886.

ELHOUNGNE (M. d'). Peintre inconnu.

104. *Marée basse. Les Varechs.*

T. H., 0 m 637 ; L., 0 m 99. Acheté vente Borniche, 1884.

ESPAGNAT (Georges d'). Vernouillet (Seine-et-Oise), 1870.

105. *Femme nue.*

T. H., 0 m 562 ; L., 0 m 97. Fig. pet. nat. Acheté gal. Durand-Ruel, 1903.

FANTIN-LATOUR (Henri). Grenoble, 1836 † Buré (Orne), 1904.

106. *La toilette.*
T. H., 0 ᵐ 475 ; L., 0 ᵐ 64. Acheté gal. Tempelaëre, 1898.

107. *Nymphe endormie.*
T. H., 0 ᵐ 372 ; L., 0 ᵐ 45. Acheté vente Mᵐᵉ X, 1902.

108. *Fleurs dans un vase en cristal.*
T. H., 0 ᵐ 382 ; L., 0 ᵐ 373. Acheté vente Ad. Tavernier, 1900.

FLAHAUT (Léon). Paris, 1831.

109. *Paysage à Magny-les-Hameaux (Seine-et-Oise).*
T. H., 0 ᵐ 987 ; L., 0 ᵐ 765. Acheté à l'artiste, 1863.

FLERS (Camille). Paris, 1802 † Aunet (Seine-et-Marne), 1868.

110. *Moisson à Fresnes (Seine-et-Marne).*
T. H., 0 ᵐ 55 ; I. 0 ᵐ 917. Acheté vente Mᵐᵉ R., 1883.

FRANÇAIS (Louis). Plombières (Vosges), 1814 † Paris, 1897.

111. *Souvenir de Nice.*
T. H., 0 ᵐ 402 ; L., 0 ᵐ 324. Acheté vente Hartmann, 1899.

112. *Paysage d'automne.*
T. H., 0 ᵐ 241 ; L., 0 ᵐ 32. Acheté à Paris, 1892.

FRIANT (Émile). Dieuze (Alsace-Lorraine), 1863.

113. *Le chapeau à fleurs.*
T. H., 0 ᵐ 414 ; L., 0 ᵐ 321. Acheté Exp. de Reims, 1894.

FROMENTIN (Eugène). La Rochelle, 1820 † 1876.

114. *La Caravane.*
B. H., 0 ᵐ 255 ; L., 0 ᵐ 435. Acheté vente Humbert, 1902.

GEORGES-BERTRAND (Jules). Paris, 1849.

115. *Grande marée à Villerville.*
T. H., 0 ᵐ 785 ; L., 0 ᵐ 98. Acheté Exp. de Reims, 1881.

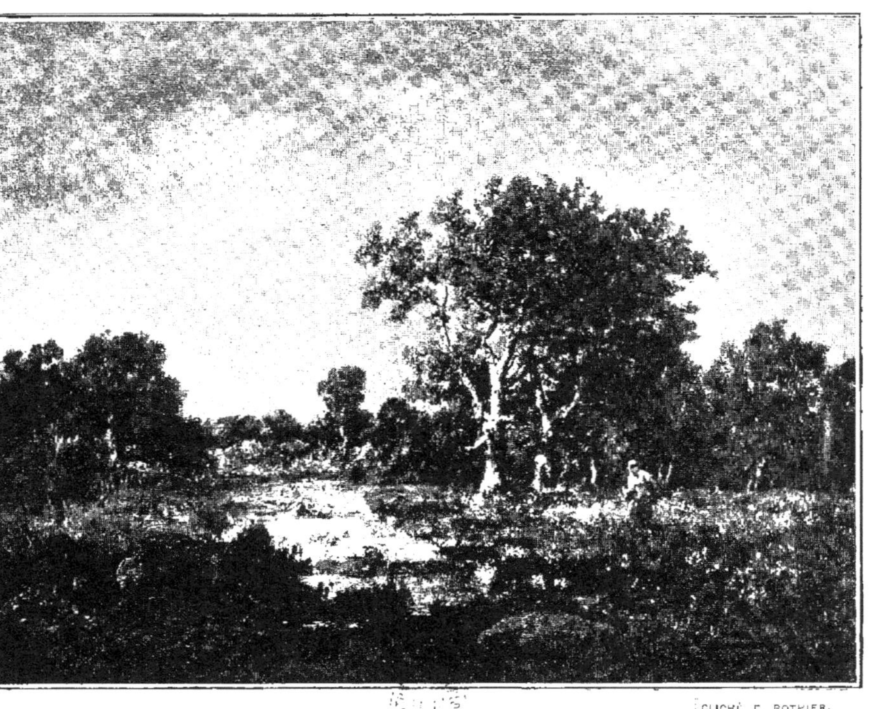

91. — DIAZ. Une Clairière.

GÉRICAULT (attribué à **Théodore**). Rouen, 1791 † Paris, 1824.

116. *Napoléon donnant un ordre à un officier supérieur.*
T. H., o ᵐ 447 ; L., o ᵐ 548. Acheté vente Disant, 1870.

GÉROME (**Léon**). Vesoul (Haute-Saône), 1824 † Paris, 1904.

117. *Le Forum la nuit.*
B. H., o ᵐ 455 ; L., o ᵐ 35. Acheté à M. Gandouin, 1884.

GERVEX (**Henri**). Paris, 1852.

118. *Attente trompée.*
T. H., o ᵐ 475 ; L., o ᵐ 422. Fig. en buste, gr. nat. Acheté vente de Lancey, 1890.

GIRARDOT (**Louis-Auguste**). Loulans-les-Forges (Haute-Saône), 1856.

119. *Le baiser.*
T. H., 1 ᵐ oo ; L., o ᵐ 731. Fig. dem.-nat. Acheté à l'artiste, 1894.

120. *L'été.*
B. H., o ᵐ 31 ; L., o ᵐ 225. Fig. à mi-corps, pet. nat. Même provenance.

GUELDRY (**Joseph-Ferdinand**). Paris, 1858.

121. *L'éclusée.*
T. H., 1 ᵐ 63 ; L., 2 ᵐ 08. Fig. pet. nat. Acheté à l'artiste, 1889.

GUILLAUME (**Albert**). Paris, 1873.

122. *La correction.*
T. H., o ᵐ 64 ; L., o ᵐ 525. Fig. pet. nat. Acheté à l'artiste, 1904.

123. *Musique savante.*
B. H., o ᵐ 54 ; L., o ᵐ 45. Fig. pet. nat. Même provenance.

GUINIER (**Henri**). Paris, 1867.

124. *Jeunesse.*
B. H., o ᵐ 343 ; L., o ᵐ 257. Fig. en buste, gr. nat. Acquis gal. G. Petit, 1906.

125. *Ophélie.*
T. H., o ᵐ 638 ; L., o ᵐ 525. Fig. en buste. gr. nat. Même provenance.

HARPIGNIES (Henri). Valenciennes, 1819.

126. *Environs de Plagny*, près Nevers.

T. H., o ᵐ 282 ; L., o ᵐ 22. Acheté à Paris, 1891.

127. *Le chemin de la Maison-Haute (Saint-Privé).*

T. H., o ᵐ 572 ; L., o ᵐ 82. Acheté gal. Arnold et Tripp, 1883.

128. *De Saint-Privé à Bléneau. Souvenir de l'Yonne.*

T. H., o ᵐ 525 ; L., o ᵐ 71. Même provenance, 1890.

129. *Temps de soleil (Saint-Privé).*

T. H., o ᵐ 256 ; L., o ᵐ 338. Acheté Exp. de Reims, 1886.

130. *La Cour Chaillot (Saint-Privé).*

T. H., o ᵐ 505 ; L., o ᵐ 715. Acheté vente de Bériot, 1901.

131. *Environs de Marseille. Clair de lune.*

T. H., o ᵐ 588 ; L., o ᵐ 80. Acheté Exp. de Reims, 1890.

132. *Crépuscule.*

T. H., o ᵐ 472 ; L., o ᵐ 802. Commandé à l'artiste, 1890.

133. *L'aube.*

T. H., 1 ᵐ 055 ; L., 1 ᵐ 51. Acheté gal. Arnold et Tripp, 1891.

HENNER (Jean-Jacques). Bernwiller (Alsace), 1829 ✝ Paris, 1905.

134. *Candeur.*

T. H., o ᵐ 398 ; L., o ᵐ 315. Fig. en buste 3/4 nat. Acheté vente Post, 1891.

ISABEY (Eugène). Paris, 1804 ✝ Lagny (Seine-et-Marne), 1886.

135. *Barques de pêche.*

B. H., o ᵐ 216 ; L., o ᵐ 329. Acheté vente Bᵒⁿ de Menasce, 1894.

136. *La Bénédiction.*

T. H., o ᵐ 739 : L., o ᵐ 941. Acheté vente Humbert, 1902.

JACQUE (Charles). Paris, 1813 ✝ même ville, 1894.

137. *Le Pont.*

T. H., o ᵐ 532 ; L., o ᵐ 641. Acheté gal. Cassagnade, 1884.

138. *Canards dans une basse-cour.*

B. H., o ᵐ 08 ; L., o ᵐ 103. Acheté vente Hôtel Drouot, 1882.

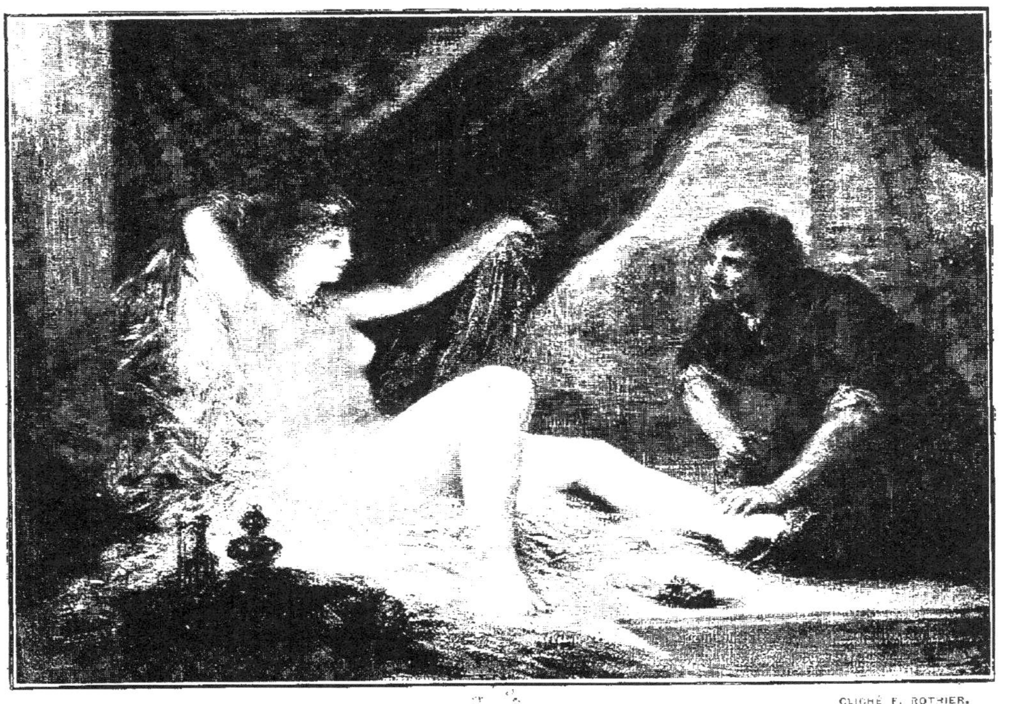

106. — FANTIN-LATOUR. *La Toilette.*

139. *Moutons à l'abreuvoir.*

B. H., 0 m 371 ; L., 0 m 45. Acheté vente L. Bernard, 1901.

140. *Moutons.*

B. H., 0 m 253 ; L., 0 m 591. Acheté vente Humbert, 1902.

JUSTE (René). Paris, 1868.

141. *Gelée blanche à Montigny-sur-Loing.*

T. H., 0 m 588 ; L., 0 m 795. Acheté à l'artiste, 1903.

142. *Le Moulin.*

T. H., 0 m 448 ; L., 0 m 597. Même provenance, 1902.

143. *Le gué à Montigny.*

T. H., 0 m 445 ; L., 0 m 53. Même provenance.

LA TOUCHE (Gaston). Saint-Cloud (Seine-et-Oise), 1854 † Paris, 1913.

144. *La salle rouge.*

T. H., 3 m 755 ; L., 0 m 785. Fig. pet. nat. Acheté gal. G. Petit, 1906.

LECREUX (Gaston). Paris, 1845.

145. *Fleurs.*

T. H., 0 m 528 ; L., 0 m 635. Acheté gal. G. Petit, 1901.

146. *Fleurs.*

T. H., 0 m 484 ; L., 0 m 593. Même provenance.

LÉPINE (Stanislas). Caen, 1835 † 1892.

147. *Prairies de Tournebouse.*

T. H., 0 m 375 ; L., 0 m 544. Acheté Paris, 1901.

148. *Vue de la Marne.*

T. H., 0 m 21 ; L., 0 m 322. Acheté vente Lazare-Weiller, 1901.

149. *Bords de rivière.*

T. H., 0 m 262 ; L., 0 m 395. Acheté gal. Boussod et Valadon, 1902.

150. *La Marne à Charenton.*

T. H., 0 m 343 ; L., 0 m 49. Acheté vente Hôtel Drouot, 1886.

151. *La Seine à Saint-Ouen.*

T. H., 0 m 258 ; L., 0 m 392. Acheté Paris, 1893.

152. *Le port de Rouen.*

T. H., 0 m 375 ; L., 0 m 55. Acheté vente Mme X, 1902.

153. *Les hauteurs de Meudon.*

T. H.. o ^m 373 ; L., o ^m 543. Acheté Paris, 1896.

154. *Paysage. Baigneuses dans un cours d'eau.*

T. H., o ^m 45 ; L., o ^m 26. Acheté gal. Tempelaëre, 1902.

LEROLLE (Henry). Paris, 1848.

155. *Une cour de ferme.*

T. H., o ^m 567. L., o ^m 792. Fig. o ^m 20. Acheté Exp. de Reims, 1881.

156. *La récolte des pommes de terre.*

T. H., o ^m 445 ; L., o ^m 635. Fig. o ^m 27. Même provenance, 1890, sans numéro.

LHERMITTE (Léon). Mont-Saint-Père (Aisne), 1844.

157. *Le vin.*

T. H., 2 ^m 45 ; L., 3 ^m 06. Fig. gr. nat. Acheté à l'artiste, 1885.

LOISEAU (Gustave). Paris, 1865.

158. *Le quai Duquesne à Dieppe.*

T. H., o ^m 532 ; L., o ^m 639. Acheté gal. Durand-Ruel, 1904.

159. *Le pont de la poissonnerie à Dieppe.*

T. H., o ^m 53 ; L., o ^m 64. Même provenance.

160. *Pommiers en fleurs.*

T. H., o ^m 59 ; L., o ^m 72. Même provenance.

161. *Chaumières au Vandreuil.*

T. H., o ^m 45 ; L., o ^m 54. Même provenance.

LUCAS (Désiré). Fort-de-France (Martinique), 1869.

162. *Le déjeuner des enfants.*

T. H., o ^m 538 ; L., o ^m 426. Acheté gal. Chaîne et Simonson, 1906.

MARTIN (Henri). Toulouse, 1860.

163. *Marine. Temps gris.*

T. cintrée. H., o ^m 522 ; L., o ^m 833. Acheté gal. Ch. Rivaut, 1903.

164. *Tête.*

T. H., o ^m 65 ; L., o ^m 50. Fig. à mi-corps, gr. nat. Acheté gal. G. Petit, 1904.

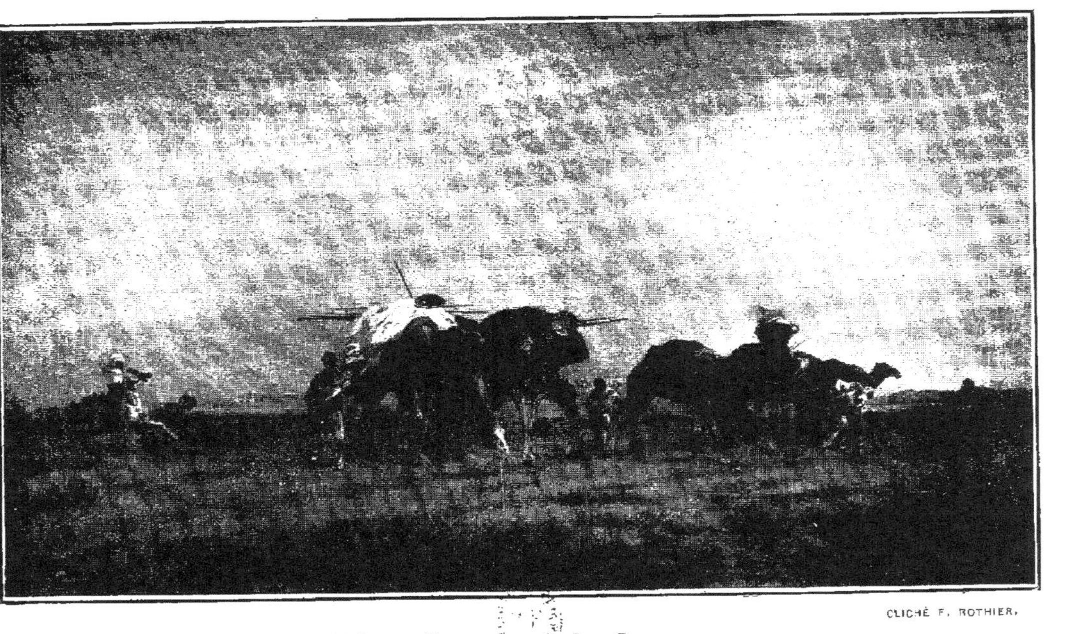

114. — FROMENTIN. *La Caravane.*

165. *Jeune fille assise.*

T. H., 0 ᵐ 955 ; L., 0 ᵐ 55. Fig. à mi-corps. gr. nat. Même provenance.

166. *Les chaumières, au soir.*

T. H., 0 ᵐ 705 ; L., 0 ᵐ 79. Même provenance.

167. *La vieille maison aux derniers rayons.*

Toile cintrée. H.. 0 ᵐ 82 ; L., 1 ᵐ 055. Même provenance.

168. *Devant de porte ensoleillé.*

Toile cintrée. H., 0 ᵐ 556 ; L., 0 ᵐ 959. Même provenance.

169. *La vallée du Vert. Crépuscule.*

T. H., 0 ᵐ 705 ; L., 1 ᵐ 00. Même provenance.

MARTINEZ (F.-E.). Peintre inconnu.

170. *En arrêt.*

T. H., 0 ᵐ 52 ; L., 0 ᵐ 63. Provenance inconnue.

MAUFRA (Maxime). Nantes, 1861.

171. *Le soir avant la pluie.*

T. H., 0 ᵐ 635 ; L., 0 ᵐ 525. Acheté gal. Durand-Ruel, 1901.

172. *Clair de lune (Morgat).*

T. H., 0 ᵐ 64 ; L., 0 ᵐ,53. Même provenance.

173. *Effet de lune.*

T. H., 0 ᵐ 45 ; L., 0 ᵐ 535. Même provenance.

174. *Soleil couchant (Morgat).*

T. H., 0.ᵐ 59 ; L., 0 ᵐ 72. Même provenance.

175. *L'anse de port Lonnec.*

T. H., 0 ᵐ 53 ; L., 0 ᵐ 72. Même provenance.

176. *Dernières lueurs du jour (Morgat).*

T. H., 0 ᵐ 637 ; L., 0 ᵐ 99. Même provenance.

177. *Le pont de l'Ile Adam.*

T. H., 0 ᵐ 593 ; L., 0 ᵐ 723. Même provenance.

178. *Fête nocturne. Exp. univ. Paris, 1900.*

T. H., 0 ᵐ 635 ; L., 0 ᵐ 795. Même provenance.

179. *La neige à Port-Marly.*

T. H., 0 ᵐ 64 ; L., 0 ᵐ 80. Même provenance, 1902.

180. *La pointe de Cador.*

T. H., 0 ᵐ 56 ; L., 0 ᵐ 80. Même provenance.

181. *La Tempête.*
T. H., 798 ; L., o m 99. Même provenance, 1904.

MEISSONIER (Ernest). Lyon, 1814 † Paris, 1891.
182. *Le vin du curé.*
B. H., o m 115 ; L., o m 15. Acheté vente Secrétan, 1889.

MÉNARD (René). Paris, 1862.
183. *L'Estuaire.*
T. H., o m 895 ; L., 1 m 325. Acheté gal. G. Petit, 1900.

MESLÉ (Paul). Saint-Servan, 1855.
184. *Portrait de M. Henry Vasnier, âgé de 64 ans.*
T. H., o m 515 ; L., o m 415. Fig. pet. nat. Commandé en 1895.
185. *Portrait de Mlle Marie P.*
T. H., 1 m 285 ; L., o m 871. Fig. jusq. gen. gr. nat. Commandé en 1896.
186. *Matinée fin d'hiver.*
T. H., o m 542 ; L., o m 452. Offert par l'auteur, 1897.
187. *Une rue de Chamigny.*
T. H., o m 59 ; L., o m 724. Acheté à l'artiste, 1901.
188. *Souvenir de Cancale.*
T. H., o m 833 ; L., 1 m 09. Même provenance, 1902.

MICHEL (Georges). Paris, 1763 † même ville, 1843.
189. *Paysage.*
T. H., o m 50 ; L., o m 686. Acheté Paris, 1891.

MILLET (Jean-François). Gruchy (Manche), 1814 † Barbizon, 1875.
190. *Hameau-Cousin à Gréville.*
T. H., o m 714 ; L., o m 915. Acheté par Mme Ve Pommery et M. Vasnier en 1888. Don des héritiers Pommery et de M. Vasnier.

MONET (CLAUDE). Paris, 1840.
191. *Les roches de Belle-Isle.*
T. H., o m 635 ; L., o m 795. Acheté gal. Durand-Ruel, 1890.

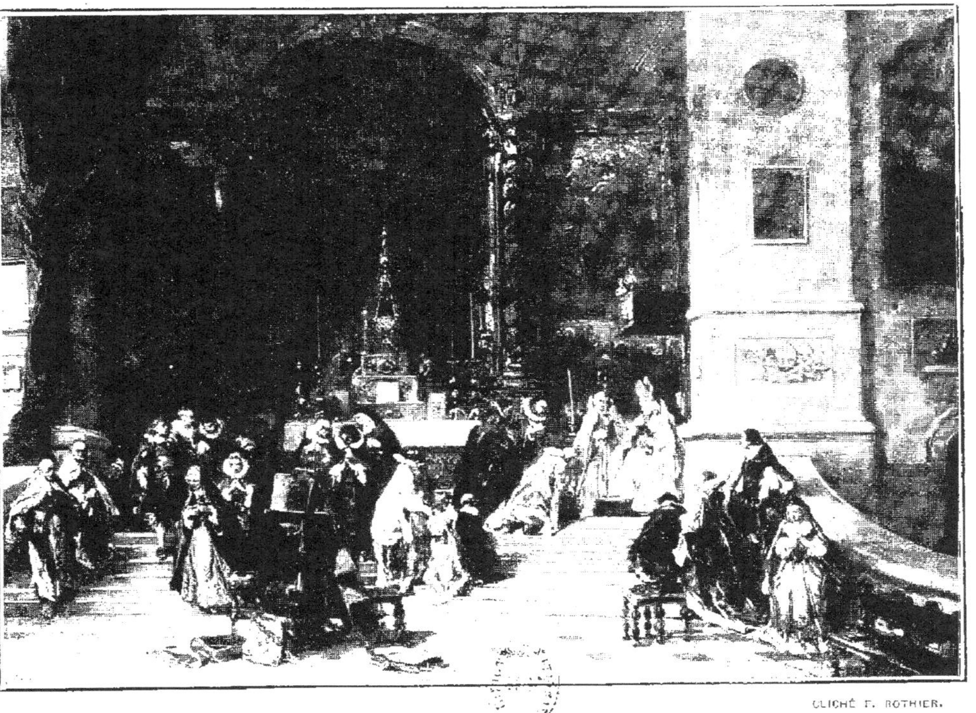

136. — ISABEY. *La Bénédiction.*

192. *Les ravins de la Creuse.*
T. H., 0 ^{m} 636 ; L., 0 ^{m} 798. Même provenance, 1891.

MONIER (Camille). (?).
193. *La prairie de Beaulieu (Corrèze).*
B. H., 0 ^{m} 24 ; L., 0 ^{m} 41. Acheté à l'artiste, 1901.

MORET (Henry). Cherbourg (Manche), 1856 † 1913.
194. *Matinée brumeuse (Ouessant).*
T. H., 0 ^{m} 72 ; L., 0 ^{m} 59. Acheté gal. Durand-Ruel, 1902.
195. *Brume du matin. Côtes de Bretagne.*
T. H., 0 ^{m} 72 ; L., 0 ^{m} 91. Même provenance.
196. *Brume sur la rivière.*
T. H., 0 ^{m} 64 , L., 0 ^{m} 80. Même provenance.
197. *L'île de Kereller (Ouessant).*
T. H., 0 ^{m} 72 ; L., 0 ^{m} 91. Même provenance, 1904.
198. *Le soir à Douëlan.*
T. H., 0 ^{m} 637 ; L., 0 ^{m} 797. Même provenance.
199. *Ouessant : Le creack.*
T. H., 0 ^{m} 79 ; L., 0 ^{m} 98. Même provenance.
200. *Jour d'hiver.*
T. H., 0 ^{m} 588 ; L., 0 ^{m} 798. Même provenance.

PAVIOT (Louis). Lyon, 1872.
201. *Arc de Triomphe de l'Étoile.*
T. H., 0 ^{m} 865 ; L., 0 ^{m} 985. Acheté à l'artiste, 1902.
202. *Square de la Trinité. Le bassin.*
T. H., 0 ^{m} 622 ; L., 0 ^{m} 455. Même provenance.
203. *Square de la Trinité.*
T. H., 0 ^{m} 79 ; L., 1 ^{m} 147. Même provenance.
204. *Parc Monceau.*
T. H., 0 ^{m} 581 ; L., 0 ^{m} 791. Même provenance.

PENNE (Olivier de). Paris, 1831 † Marlotte, 1897.
205. *Chiens courants.*
B. H., 0 ^{m} 21 ; L., 0 ^{m} 16. Acheté vente Soucaret, 1905.

2

PIERRE (Gustave). Verdun, 1875.

206. *Le Rieur. Portrait du peintre.*

T. H., o^m 795 ; L., o^m 638. Fig. à mi-corps gr. nat. Acheté à l'artiste, 1900.

PIOT (Adolphe). Digoin (Saône-et-Loire), 1831 † 1912.

207. *Printemps.*

T. H., o^m 645 ; L., o^m 49. Acheté à l'artiste, 1892.

PISSARO (Camille). Saint-Thomas (Antilles danoises), 1830 † Paris, 1903.

208. *Le Louvre.*

T. H., o^m 445 ; L., o^m 536. Acheté gal. Bernheim jeune, 1902.

209. *L'avenue de l'Opéra.*

T. H., o^m 705 ; L., o^m 895. Acheté gal. Durand-Ruel, 1902.

POINTELIN (Auguste). Arbois (Jura), 1839.

210. *Matin dans le Jura.*

T. H., o^m 742 ; L., 1^m 043. Acheté vente Mme R., 1883.

211. *Côte bretonne.*

T. H., o^m 345 ; L., o^m 502. Acheté M. Gandouin, 1884.

212. *Effet de lune sur une lisière de forêt.*

T. H., o^m 345 ; L., o^m 501. Même provenance.

213. *Un pré dans le Jura.*

T. H., o^m 98 ; L., 1^m 45. Acheté à l'artiste, 1886.

214. *Bouquet d'arbres à l'aube.*

T. H., o^m 352 ; L., o^m 513. Même provenance.

215. *Sur les monts.*

T. H., o^m 765 : L., o^m 075. Même provenance, 1887.

216. *Côte normande.*

B. H., o^m 203 ; L., o^m 261. Même provenance.

217. *Sur les hauteurs. Jura.*

T. H., o^m 341 ; L., o^m 501. Même provenance, 1888.

PUVIS DE CHAVANNES (Pierre). Lyon, 1824 † Paris, 1898.

218. *La Source.*

T. H., o^m 345 ; L., o^m 267. Fig. o^m 20. Acheté vente Henry Mahoû, 1904.

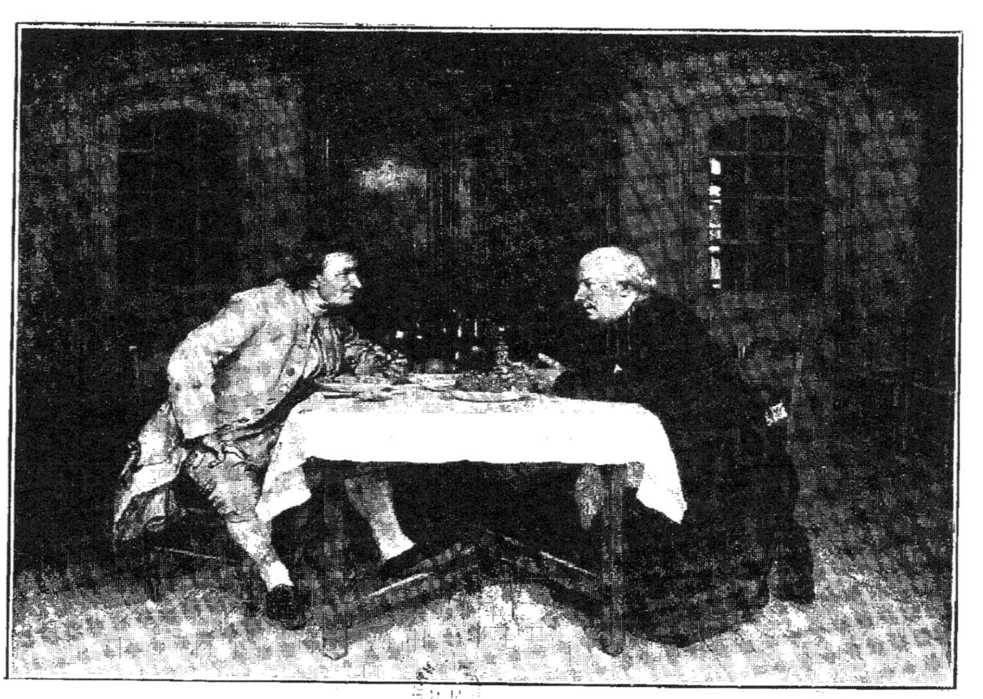

CLICHÉ F. ROTHIER.

182. — MEISSONIER. *Le Vin du Curé.*

RAFFAELLI (Jean-François). Paris, 1850.

219. *Les Champs-Élysées.*
T. H., o ^m 635 ; L., o ^m 795. Acheté gal. G. Petit, 1903.

220. *Le Chiffonnier.*
B. H., o ^m 203 ; L., o ^m 087. Fig. o ^m 132. Acheté vente de Rougé, 1887.

REGNAULT (Henri). Paris, 1843 † tué à Buzenval, 1871.

221. *Sentinelle marocaine.*
B. H., o ^m 318 ; L., o ^m 39. Offert à M. H. Vasnier par Mme Boullan-Rousselin, sa nièce.

RENOIR (Auguste). Limoges, 1841.

222. *La lecture du rôle.*
B. H., o ^m 089 ; L., o ^m 07. Acheté vente Humbert, 1902.

RIBOT (Théodule). Saint-Nicolas d'Attez (Eure), 1823 † Colombes (Seine), 1891.

223. *La jeune fille au chien.*
T. H., o ^m 713 ; L., o ^m 575. Fig. à mi-corps gr. nat. Même provenance.

224. *Portrait de ma fille.*
T. H., o ^m 912 ; L., o ^m 638. Acheté à l'artiste, 1884.

225. *Le joueur de guitare.*
T. H., o ^m 445 ; L., o ^m 363. Acheté vente Mme R., 1883.

ROLL (Alfred-Philippe). Paris, 1846.

226. *Portrait d'Alexandre Dumas fils. Ébauche.*
T. H., 1 ^m 40 ; L., 1 ^m 06. Acheté à l'artiste, 1898.

ROUSSEAU (Théodore). Paris, 1812 † Barbizon, 1867.

227. *La Mare. Vue prise à Fontainebleau.*
T. H., o ^m 403 ; L., o ^m 623. Acheté vente Ch. Noël, 1891.

ROUSSEAU (Philippe). Paris, 1816 † Acquigny (Eure), 1887.

228. *Five O'Clock.*
T. H., o ^m 555 ; L., o ^m 845. Acheté vente Merlin, 1900.

229. *Nature morte et perroquet près d'une fenêtre ouverte.*
B. H., o ᵐ 323 ; L., o ᵐ 242. Acheté vente Hôtel Drouot, 1882.

230. *Chienne de Terre-Neuve allaitant son petit.*
B. H., o ᵐ 135 ; L., o ᵐ 196. Acheté vente Hôtel Drouot, 1883.

ROYBET (Ferdinand). Uzès (Gard), 1840.
  231. *Les deux pages.*
T. H., o ᵐ 45 ; L.. o ᵐ 55. Acheté vente Humbert, 1902.

SÉGÉ (Alexandre). Paris, 1829 † 1885.
  232. *Terrassements du fort de Vaujours.*
T. H., o ᵐ 303 ; L., o ᵐ 452. Acheté vente Ségé, 1884.

SISLEY (Alfred). Paris, 1839 † Moret, 1899.
  233. *La Rade de Cardiff.*
T. H., o ᵐ 532 ; L., o ᵐ 64. Acheté gal. Durand-Ruel, 1902.

TROYON (Constant). Sèvres, 1810 † Paris, 1865.
  234. *Rentrée du troupeau. Normandie.*
B. H., o ᵐ 455 ; L., o ᵐ 598. Acheté gal. Boussod et Valadon, 1891.

TRUCHET (Abel). Versailles, 1857.
  235. *Allée de jardin.*
T. H., o ᵐ 715 ; L.. o ᵐ 585. Acheté à l'artiste, 1906.
  236. *Fleurs.*
T. H., o ᵐ 58 ; L., o ᵐ 365. Même provenance.

VEYSASSAT (Jules). Paris, 1828 † même ville, 1893.
  237. *Chevaux de halage.*
B. H., o ᵐ 207 ; L., o ᵐ 312. Provenance inconnue.
  238. *Cour de ferme.*
B. H., o ᵐ 159 ; L., o ᵐ 209. Acheté vente Humbert, 1902.

VOLLON (Antoine). Lyon, 1833 † Paris, 1900.
  239. *Chrysanthèmes.*
T. H., o ᵐ 87 ; L., 1 ᵐ 08. Acheté vente Viot, 1886.

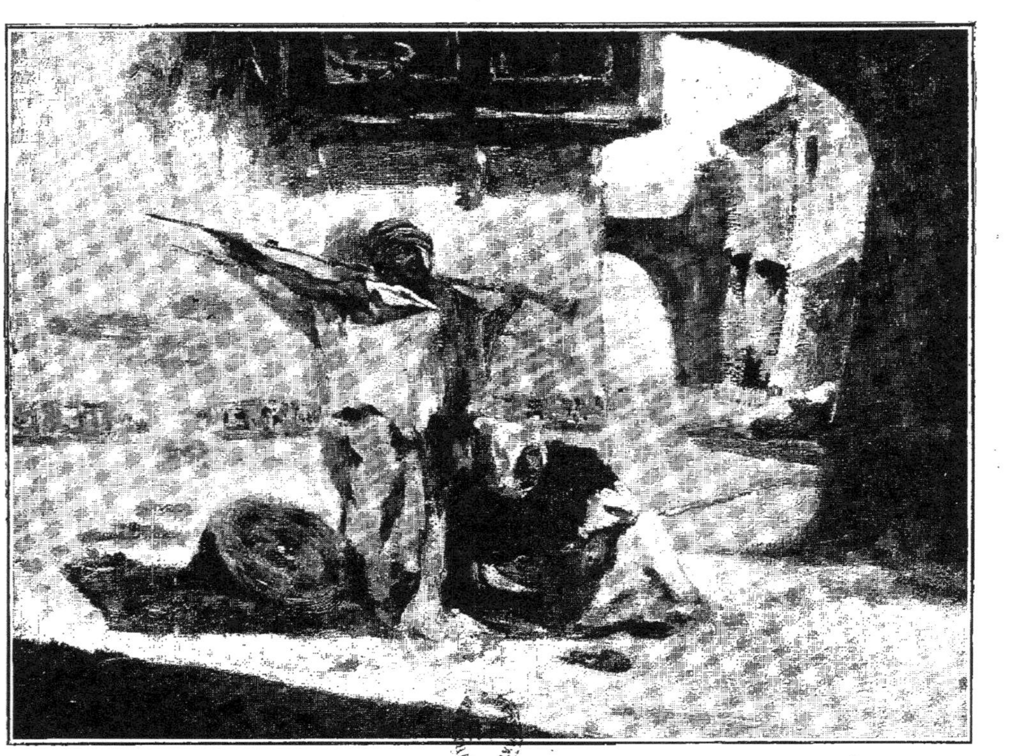

CLICHÉ F. ROTHIER.

221. — REGNAULT (Henri). *La Sentinelle marocaine.*

240. *Calice, vidrecome, livres liturgiques et cahiers de musique.*

B. H., o ^m 64 ; L., o ^m 799. Acheté vente de Rougé, 1887.

241. *Intérieur de cellier.*

T. H., o ^m 598 ; L., o ^m 485. Acheté Exp. de Reims, 1890.

242. *Vase, fleurs et fruits.*

T. H., o ^m 65 ; L., o ^m 81. Même provenance.

243. *Nature morte.*

T. H., 1 ^m 49 ; L., 1 ^m 185. Acheté M. Reignard, 1903.

WÉRY (Émile). Reims, 1868.

244. *Fille de Pennemark.*

Toile cintrée. H., o ^m 64 ; L., o ^m 81. Fig. à mi-corps gr. nat. Acheté à l'artiste, 1898.

245. *Retour d'école à Plougastel.*

T. H., 1 ^m 70 ; L., 1 ^m 98. Fig. gr. nat. Même provenance, 1899.

ZIEM (Félix). Beaune (Côte-d'Or), 1821 † Paris, 1911.

246. *Venise. L'entrée du grand canal.*

T. H., o ^m 415 ; L., o ^m 62. Acheté vente Dr Court, 1884.

247. *Barque échouée.*

B. H., o ^m 301 ; L., o ^m 44. Acheté à M. Reignard, 1884.

248. *Marine. Constantinople.*

T. H., o ^m 492 ; L., o ^m 81. Acheté Exp. de Reims, 1890.

249. *Le Bosphore.*

T. H., o ^m 53 ; L., o ^m 69. Acheté vente Ch. Noël, 1891.

250. *Venise.*

B. H., o ^m 395 ; L., o ^m 569. Acheté vente Mme X, 1892.

III. ÉCOLES ÉTRANGÈRES

ÉCOLE BELGE

CLAUS (Émile). Vive-Saint-Éloi (Belgique), 1849.
    251. *Zélandaise.*
T. H., o ᵐ 45 ; L., o ᵐ 54. Acheté gal. G. Petit, 1896.

COCK (César de). Gand, 1828 † même ville, 1904.
    252. *Paysage.*
T. H., o ᵐ 353 ; L., o ᵐ 277. Provenance inconnue.

MARCETTE (Alexandre). Spa, 1853.
    253. *Bas-Escaut.*
Aquarelle. H., o ᵐ 437 ; L., o ᵐ 537. Achetée gal. Chaine et Simonson,
1907.

PAPELEU (Baron Victor de). Gand (?) † vers 1884.
    254. *Paysage.*
B. H., o ᵐ 359 ; L., o ᵐ 584. Acheté à M. Reignard, 1887.

STEVENS (Alfred). Bruxelles, 1828 † Paris, 1906.
    255. *Marine : Le Havre.*
B. H., o ᵐ 218 ; L., o ᵐ 27. Acheté Exp. Reims, 1884.

ÉCOLE BRITANNIQUE, XVIIIᵉ SIÈCLE

COLTE (C.). (?)
    256. *Portrait de femme.*
Miniature ovale. H., o ᵐ 085 ; L., o ᵐ 07. Achetée à M. Courmeaux,
1902.

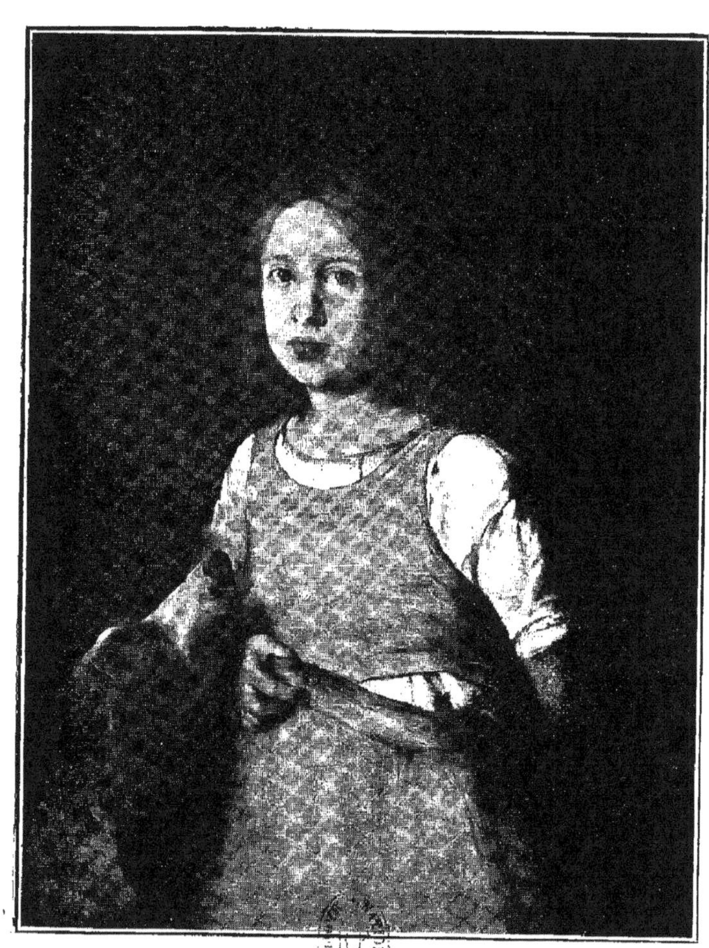

223. — RIBOT. *La Jeune Fille au Chien*.

ÉCOLE BRITANNIQUE, XIXᵉ SIÈCLE

BONINGTON (Richard-Parkès). Arnold près Nottingham, 1801 † Londres, 1828.

257. *L'Espace.*
B. H., 0ᵐ315 ; L., 0ᵐ445. Acheté vente d'un amateur, 1881.

BONINGTON (attribué à).

258. *Canal traversant un village.*
T. H., 0ᵐ323 ; L., 0ᵐ315. Acheté vente Disant, 1870.

WATKINS (John). Birmingham (?)

259. *La fille du Puritain.*
Aquarelle. H., 0ᵐ35 ; L., 0ᵐ25. Achetée Exp. de Reims, 1884.

ÉCOLE HOLLANDAISE

JONGKIND (Johann-Barthold). Latrop (Hollande), 1819 † Côte-Saint-André (Isère), 1891.

260. *Notre-Dame de Paris.*
T. H., 0ᵐ46 ; L., 0ᵐ70. Acheté gal. Tempelaëre, 1891.

261. *Marine.*
T. H., 0ᵐ407 ; L., 0ᵐ546. Acheté vente E. Adam, 1900.

262. *Coucher de soleil en Hollande.*
T. H., 0ᵐ318 ; L., 0ᵐ452. Acheté vente L. Bernard, 1901.

263. *Les moulins de Rotterdam.*
T. H., 0ᵐ322 ; L., 0ᵐ444. Acheté Hôtel Drouot, 1882.

264. *Canal intérieur de la ville de Dordrecht.*
T. H., 0ᵐ418 ; L., 0ᵐ34. Acheté vente de Bériot, 1901.

265. *Le grain.*
T. H., 0ᵐ385 ; L., 0ᵐ58. Acheté Paris, 1900.

ÉCOLE HONGROISE

RIPPL-RÓNAÏ (Joseph-François). Kaspovar (Hongrie).

266. *Étude*.

Pastel. H., o ^m 361 : L., o ^m 288. Acheté Exp. Reims, 1890.

ÉCOLE ITALIENNE

NITTIS (Joseph de). Barletta, 1846 † Saint-Germain-en-Laye, 1884.

267. *Avenue du Bois de Boulogne*.

T. H., o ^m 41 ; L., o ^m 639. Acheté vente Humbert, 1902.

ÉCOLES SCANDINAVES

OSTERLIND (Allan). Stockholm (Suède), 1855.

268. *Paysannes espagnoles dansant*.

Aquarelle. H., 1 ^m 04 ; L., o ^m 615. Fig. pet. nat. Acheté à l'artiste, 1900.

THAULOW (Fritz). Christiana, 1847 † Volendam (Pays-Bas), 1906.

269. *San Marco : Venise*.

T. H., o ^m 66 ; L., o ^m 878. Acheté gal. G. Petit, 1900.

270. *Nuit d'hiver en Norvège*.

T. H., o ^m 64 ; L., o ^m 803. Acheté gal. Montaignac, 1900.

271. *Soleil couchant sur la rivière à Péquigny, près Rouen*.

T. H., o ^m 799 ; L., o ^m 639. Même provenance.

272. *Les deux moulins*.

T. H., o ^m 639 ; L., o ^m 798. Acheté gal. G. Petit, 1906.

273. *Dordrecht*.

T. H., o ^m 637 ; L., o ^m 795. Même provenance.

ÉCOLE SUISSE

KOETSCHET (Achille). Saint-Imier (Suisse), 1862 † Camier
(Pas-de-Calais), 1894.
    274. *Au printemps à Aeschi (Suisse).*
T. H., 0 m 602 : L., 0 m 452. Acheté à l'artiste, 1893.

IV. PASTELS, AQUARELLES, DESSINS, GRAVURES, LITHOGRAPHIES

AMAN-JEAN (Edmond). Chevry-Cossigny (Seine-et-Marne),
1860.
    275. *Jeunesse.*
Pastel. H., 0 m 44 ; L., 0 m 53. Fig. en buste gr. nat. Acheté à l'artiste,
1905.

BESNARD (Albert). Voir peinture.
    276. *Le silence.*
Pastel. H., 0 m 44 ; L., 0 m 342. Fig. en buste gr. nat. Acheté gal.
G. Petit, 1898.
    277. *Liseuse.*
Pastel. H., 0 m 595 ; L., 0 m 49. Fig. en buste gr. nat. Même provenance,
1897.

BETHUNE (Gaston). Paris, 1875 † 1897.
    278. *Allevard (Isère), la vallée.*
Aquarelle. H., 0 m 36 ; L., 0 m 51. Achetée gal. G. Petit, 1893.

BRISSET (Ernest). Reims, 1872.

279. *Bords d'étang.*

Aquarelle sur carton pyrogravé. H., 0 m 315 ; L., 0 m 595. Acheté à l'artiste, 1905.

CALBET (Antoine). Engayrac (Lot-et-Garonne), 1860.

280. *Le jour.*

Aquarelle ronde. H., 0 m 24 ; L., 0 m 24. Achetée Exp. des Aquarellistes, 1906.

281. *Costume empire.*

Aquarelle. H., 0 m 30 ; L., 0 m 112. Même provenance.

282. *Odalisque.*

Aquarelle. H., 0 m 275 ; L., 0 m 46. Même provenance.

283. *Odalisque assise devant une piscine.*

Aquarelle. H., 0 m 32 ; L., 0 m 23. Même provenance, 1905.

284. *Liseuse.*

Aquarelle. H., 0 m 445 ; L., 0 m 25. Même provenance.

285. *Rieuse.*

Aquarelle. H., 0 m 25 ; L., 0 m 19. Même provenance.

286. *Fantaisie.*

Aquarelle. H., 0 m 465 ; L., 0 m 272. Même provenance.

CALLOT (Georges). Paris (?) † même ville, 1903.

287. *Le déjeuner du matin.*

Pastel. H., 0 m 87 ; L., 0 m 44. Fig. pet. nat. Acheté Exp. des Pastellistes, 1898.

CAZIN (Jean-Charles). Voir Peinture.

288. *L'arc-en-ciel.*

Aquarelle. H., 0 m 156 ; L., 0 m 13. Achetée vente Humbert, 1902.

CHAPLIN (Charles). Voir Peinture.

289. *L'espiègle.*

Aquarelle. H., 0 m 39 ; L., 0 m 272. Fig. en buste pet. nat. Achetée vente Hartmann, 1899.

290. *Avant le bal ou mieux après le bal.*

Aquarelle. H., 0 m 506 ; L., 0 m 33. Même provenance.

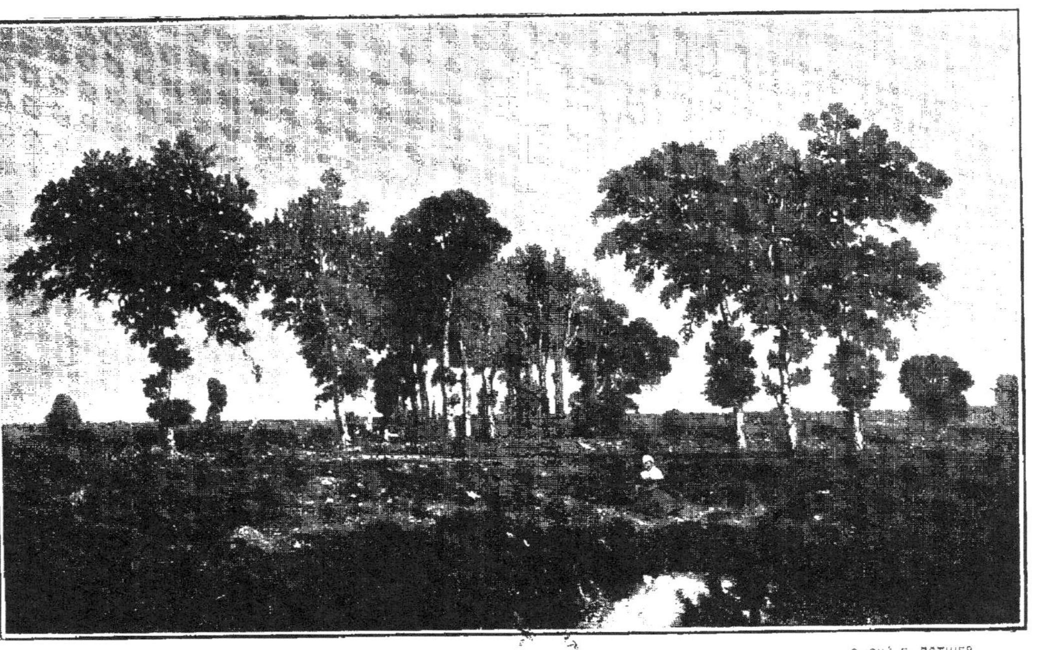

227. — ROUSSEAU. *La Mare. Vue prise à Fontainebleau.*

DAUMIER (Honoré). Voir peinture.

291. *Les avocats.*
Dessin rehaussé. H., 0 m 222 ; L., 0 m 162. Acheté Paris, 1900.

DEVAMBEZ (André). Paris, 1867.

292. *Course d'automobiles.*
Aquarelle. H., 0 m 31 ; L., 0 m 48. Achetée Exp. des Arts réunis, 1902.

293. *Fête au village : Bretagne.*
Aquarelle. H., 0 m 325 ; L., 0 m 50. Même provenance.

294. *Une première au théâtre Montmartre.*
Lithographie en couleur sur japon. H., 0 m 342 ; L., 0 m 504. Même provenance.

DOIGNEAU (Édouard). Nemours (Seine-et-Marne), 1865.

295. *En Bretagne. Les petites Bigoudennes.*
Aquarelle. H., 0 m 49 : L., 0 m 70. Fig. gr. nat. Acheté Exp. des aquarellistes, 1905.

296. *En Bretagne. Les petites gardeuses d'oies.*
Aquarelle. H., 0 m 485 ; L., 0 m 71. Fig. pet. nat. Même provenance.

297. *Le chasseur aux Sloughis.*
Aquarelle. H., 0 m 637 ; L., 0 m 785. Fig. pet. nat. Même provenance.

DORIGNAC (Jorge). Bordeaux, 1879.

298. *La convalescente.*
Crayon bleu. H., 0 m 47 ; L., 0 m 55. Fig. pet. nat. Acheté à l'artiste, 1902.

ELIOT (Maurice). Paris, 1864.

299. *Le vieux jardin.*
Pastel. H., 0 m 585 ; L., 0 m 717. Acheté Exp. des Pastellistes, 1898.

300. *La dent du Midi.*
Pastel. H., 0 m 45 ; L., 0 m 54. Même provenance.

GOSSELIN (Albert). Paris, 1865.

301. *Chêne et oliviers à Juan-les-Pins.*
Aquarelle. H., 0 m 384 ; L., 0 m 275. Provenance inconnue.

GUIRAND DE SCEVOLA (**Victor-Lucien**). Cette (Hérault),
1871.

302. *Source dorée.*
Pastel toile. H., 0 ᵐ 908 ; L., 0 ᵐ 72. Fig. à mi-corps gr. nat. Acheté Exp.
des Pastellistes, 1902.

303. *Stella.*
Aquarelle. H., 0 ᵐ 488 ; L., 0 ᵐ 37. Fig. en buste gr. nat. Achetée vente
J. Ferrier, 1904.

HARPIGNIES (**Henri**). Voir Peinture.

304. *Soleil couchant sur le Loing.*
Aquarelle. H., 0 ᵐ 234 ; L., 0 ᵐ 292. Achetée Exp. de Reims, 1886.

305. *Vue du square du boulevard Saint-Germain.*
Aquarelle. H., 0 ᵐ 31 ; L., 0 ᵐ 215. Même provenance.

306. *Rives du Loing.*
Aquarelle. H., 0 ᵐ 318 ; L., 0 ᵐ 217. Même provenance.

307. *Villefranche.*
Aquarelle. H., 0 ᵐ 248 ; L., 0 ᵐ 343. Même provenance.

ISABEY (**Eugène**). Voir Peinture.

308. *Le marchand d'étoffes.*
Aquarelle. H., 0 ᵐ 315 ; L.. 0 ᵐ 425. Achetée vente Émile Gaillard 1904.

309. *Le page.*
Aquarelle. H., 0 ᵐ 27 ; L., 0 ᵐ 215. Achetée vente J. Ferrier, 1904.

LACOURT (**Mˡˡᵉ Madeleine**). Reims, 1873.

310. *Chrysanthèmes.*
Aquarelle. H., 0 ᵐ 67 ; L., 0 ᵐ 484. Achetée à l'artiste, 1906.

LAGARDE (**Pierre**). Paris, 1854 † même ville, 1910.

311. *Le labour.*
Pastel. H., 0 ᵐ 37 ; L., 0 ᵐ 45. Acheté Exp. des Pastellistes, 1902.

312. *L'inondation.*
Pastel. H., 0 ᵐ 32 ; L., 0 ᵐ 444. Même provenance.

LA TOUCHE (**Gaston**). Voir peinture.

313. *Jet d'eau dans l'ombre.*
Pastel. H., 0 ᵐ 585 ; L., 0 ᵐ 585. Même provenance.

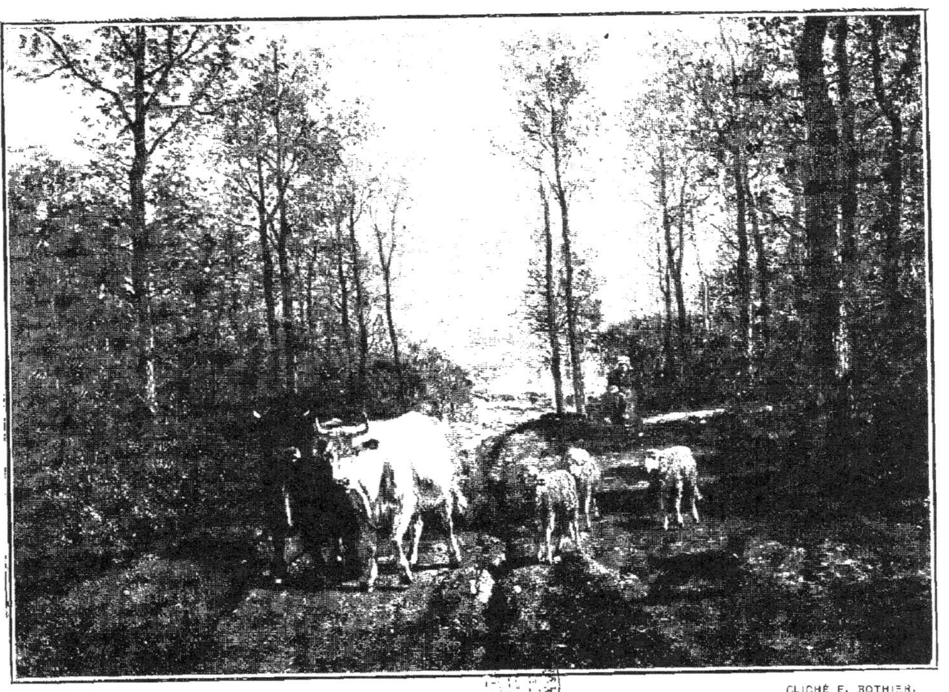

234. — TROYON. *Le Retour. Normandie.*

LÉANDRE (Charles). Champsecret (Orne), 1862.

314. *Portrait de M. Henry Vasnier, âgé de 70 ans.*

Pastel. H., 1 m 48 ; L., 0 m 99. Fig. jusq. gen. gr. nat. Commandé en 1902.

315. *En souvenir de Gavarni.*

Pastel. H., 1 m 355 ; L., 0 m 98. Fig. jusq. gen. gr. nat. Acheté Exp. des Pastellistes, 1903.

316. *Portrait de M*me *E. D.*

Pastel. H., 0 m 83 ; L., 0 m 63. Fig. à mi-corps gr. nat. Commandé en 1897.

317. *Portrait de la nièce du peintre âgée de 18 mois.*

Pastel. H., 0 m 54 ; L., 0 m 449. Fig. à mi-corps gr. nat. Acheté à l'artiste, 1902.

318. *Portrait de la même, âgée de 3 ans et 6 mois.*

Pastel. H., 0 m 79 ; L., 0 m 52. Fig. à mi-corps gr. nat. Même provenance, 1904.

319. *Plumes et fleurs.*

Pastel. H., 1 m 15 ; L., 0 m 89. Fig. à mi-corps gr. nat. Acheté Exp. des Pastellistes, 1897.

320. *Béatitude.*

Pastel. H., 0 m 905 ; L., 0 m 718. Fig. à mi-corps gr. nat. Même provenance.

321. *Modestie.*

Pastel. H., 1 m 145 ; L., 0 m 87. Fig. à mi-corps gr. nat. Même provenance, 1898.

LE GOUT-GÉRARD (Eugène). Saint-Lô (Manche), 1854.

322. *Dans le port à Concarneau.*

Pastel. H., 0 m 445 ; L., 0 m 365. Acheté gal. Chaîne et Simonson, 1899.

LHERMITTE (Léon). Voir Peinture.

323. *La moissonneuse au repos.*

Pastel. H., 0 m 445 ; L., 0 m 367. Fig. dem.-nat. Acheté à l'artiste, 1886.

324. *A la fontaine.*

Pastel. H., 0 m 488 ; L.; 0 m 439. Fig. 0 m 35. Même provenance.

325. *Fin de journée.*

Pastel. H., 0 m 222 ; L., 0 m 295. Acheté à l'artiste, 1887.

326. *Le chemin de la ferme.*

Pastel. H., 0 m 222 ; L., 0 m 294. Acheté Exp. des Pastellistes, 1888.

327. *Le pont de Nuremberg.*

Pastel. H., 0 m 345 ; L., 0 m 442. Acheté à l'artiste, 1897.

328. *Vieille couturière.*

Pastel. H., 0 m 43 ; L., 0 m 349. Acheté Paris, 1899.

329. *La Dent du Chat au lac du Bourget.*

Pastel. H., 0 m 42 ; L., 0 m 547. Acheté Exp. des Pastellistes, 1902.

330. *Avril.*

Fusain. H., 0 m 745 ; L., 0 m 995. Fig. pet. nat. Acheté à l'artiste, 1886.

331. *Les couturières.*

Fusain. H., 0 m 382 ; L., 0 m 301. Acheté Exp. des Aquarellistes, 1888.

332. *Les dentellières des Vosges.*

Fusain. H., 0 m 47 ; L., 0 m 57. Fig. pet. nat. Acheté Exp. des Pastellistes, 1889.

MESLÉ (Paul). Voir Peinture.

333. *Givre et brouillard à Thogny-aux-Bœufs.*

Pastel. H., 0 m 718 ; L., 0 m 582. Acheté Exp. des Pastellistes, 1904.

334. *Neige et clair de lune à Chamigny.*

Pastel. H., 0 m 48 ; L., 0 m 595. Même provenance.

335. *La maison du pêcheur à Portsael (Finistère).*

Pastel. H., 0 m 482 ; L., 0 m 594. Même provenance.

MILLET (Jean-François). Voir Peinture.

336. *La mer vue du haut de la falaise de Gréville.*

Pastel. H., 0 m 465 ; L., 0 m 595. Légué au Musée de Reims par Mme Vve Pommery.

337. *Berger gardant son troupeau.*

Pastel. H., 0 m 72 ; L., 0 m 96. Fig. 0 m 45. Acheté vente E. May, 1890.

338. *Le repos au milieu du jour.*

Pastel. H., 0 m 352 ; L., 0 m 455. Acheté vente Tabourier, 1888.

339. *Jeune bergère assise sur une barrière.*

Pastel. H., 0 m 422 ; L., 0 m 357. Fig. pet. nat. Acheté vente Rœderer du Havre, 1891.

340. *La laveuse.*

Pastel. H., 0 m 334 ; L., 0 m 247. Acheté Paris, 1889.

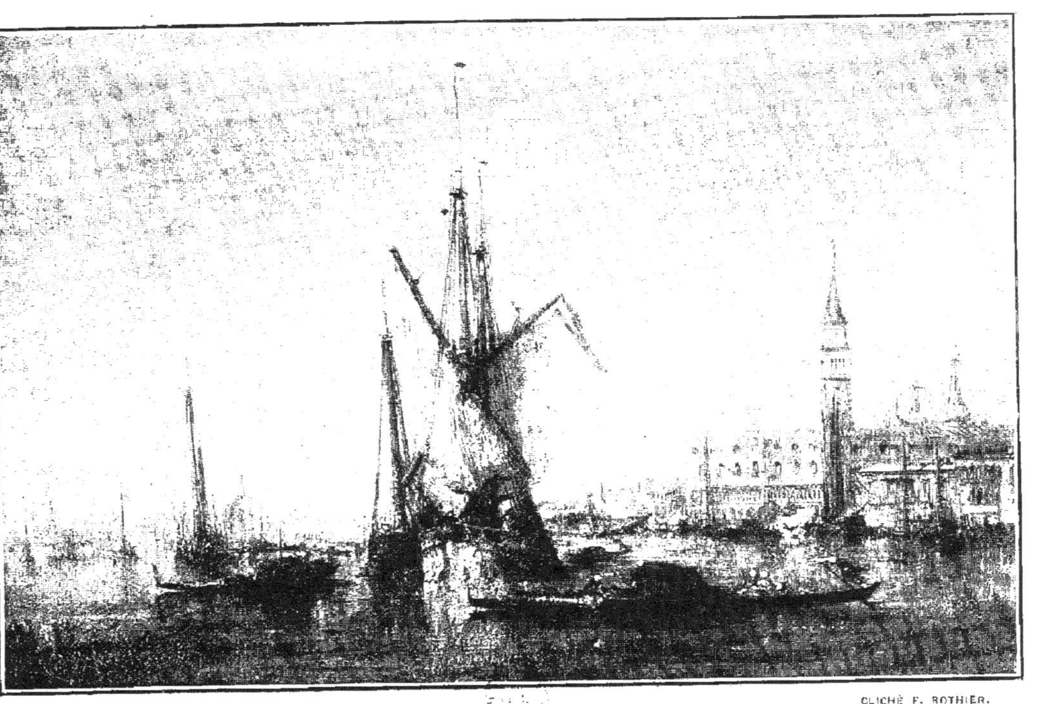

250. — ZIRM. *Venise*.

MORLOT (**Alphonse**). Isòmes (Haute-Marne), 1838.

341. *La baigneuse.*
Aquarelle. H., 0^{m}55 ; L., 0^{m}75. Offerte à M. Vasnier par M. Louis Pommery.

PENNE (**Olivier de**). Voir Peinture.

342. *Piqueur et sa meute dans la neige.*
Aquarelle. H., 0^{m}27 ; L., 0^{m}44. Achetée vente J. Ferrier, 1904.

343. *Chiens d'arrêt.*
Aquarelle. H., 0^{m}33 ; L., 0^{m}486. Provenance inconnue.

344. *La meute.*
Aquarelle. H., 0^{m}295 ; L., 0^{m}46. Achetée vente Soucaret, 1905.

PIERRE (**Gustave**). Voir Peinture.

345. *Étude. Joueur d'orgue près d'un escalier.*
Dessin. H., 0^{m}31 ; L., 0^{m}208. Quatre dessins offerts par l'auteur.

346. *Étude. Défilé d'indigents dans un baraquement ; deux femmes assises.*
Dessin rehaussé. H., 0^{m}34 ; L., 0^{m}288.

347. *Étude. Stationnement d'indigents devant un baraquement.*
Dessin rehaussé. H., 0^{m}243 ; L., 0^{m}342.

348. *Étude. Entrée et sortie des indigents.*
Dessin rehaussé sur bistre. H., 0^{m}32 ; L., 0^{m}20.

RAFAELLI (**Jean-François**). Voir Peinture.

349. *Ancien boulevard extérieur, aujourd'hui boulevard de Port-Royal.*
Pastel. H., 0^{m}355 ; L., 0^{m}525. Acheté Paris, 1891.

RIVOIRE (**François**). Lyon, 1842.

350. *Chrysanthèmes.*
Aquarelle. H., 1^{m}05 ; L., 0^{m}67. Achetée Exp. des Aquarellistes, 1902.

351. *Pavots.*
Aquarelle. H., 1^{m}03 ; L., 0^{m}65. Même provenance.

352. *Giroflées et pensées.*
Aquarelle. H., 0^{m}38 ; L., 0^{m}555. Même provenance.

353. *Violettes.*

Aquarelle. H., o ᵐ 39 ; L., o ᵐ 555. Même provenance.

ROLL (Alfred-Philippe). Voir Peinture.

354. *Étude.*

Dessin. H., o ᵐ 348 ; L., o ᵐ 536. Provenance inconnue.

ROSSET-GRANGER. Vincennes, 1853.

355. *Bayadère.*

Pastel. H., o ᵐ 902 ; L., o ; 631. Fig. à mi-corps gr. nat. Acheté Exp. des Pastellistes en (?).

ROUSSEAU (Théodore). Voir Peinture.

356. *Paysage. Ville entourée de remparts, construite, à droite, sur une éminence.*

Aquarelle. H., o ᵐ 26 ; L., o ᵐ 21.

357. *Paysage. Route bordée d'arbres s'enfonçant vers la gauche.*

Dessin. H., o ᵐ 148 ; L., o ᵐ 45.

358. *Paysage boisé.*

Dessin. H., o ᵐ 18 ; L., o ᵐ 39.

359. *Paysage boisé, coup de vent.*

Crayon et Sépia. H., o ᵐ 22 ; L., o ᵐ 295. Quatre études achetées à la famille Bodmer, 1896.

SIMON (Lucien). Paris, 1861.

360. *Religieuse et Bretonnes en prière.*

Aquarelle. H., o ᵐ 89 ; L., 1 ᵐ 00. Achetée gal. Chaîne et Simonson, 1907.

TRUCHET (Abel). Voir Peinture.

361. *Femme en bateau.*

Gravure en couleur. H., o ᵐ 49 ; L., o ᵐ 625. Fig. pet. nat. Achetée gal. Bernheim jeune, 1906.

WALTNER (Charles). Paris, 1846.

362. *L'astronome, d'après Roybet.*

Gravure. H., o ᵐ 575 ; L., o ᵐ 718. Achetée à l'artiste, 1903.

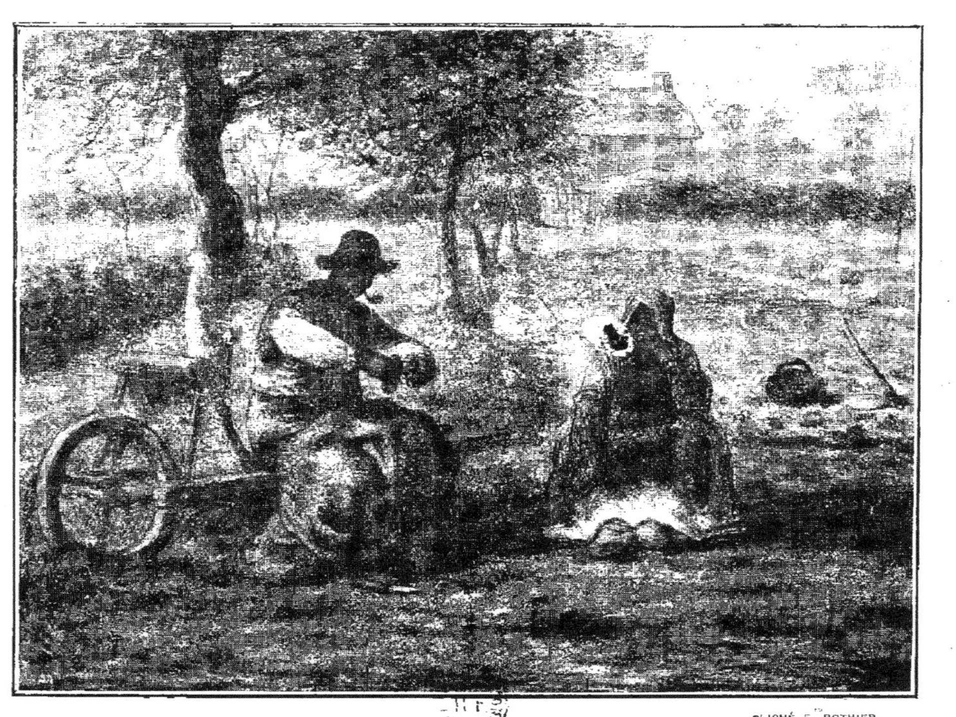

338. — MILLET (Jean-François). *Le Rebos au milieu du jour.*

ZUBER (Henri). Rixheim (Haut-Rhin), 1844 † Paris, 1909.

363. *Au cap d'Antibes.*

Aquarelle. H., o^m 324 ; L., o^m 488. Achetée Exp. des Aquarellistes, 1905.

364. *Les oliviers. Cap d'Antibes.*

Aquarelle. H., o^m 488 ; L., o^m 598. Achetée Exp. des Aquarellistes, 1906.

365. *Temps d'automne (Jura).*

Aquarelle. H., o^m 345 ; L., o^m 495. Même provenance.

IV. ÉMAUX

GRANDHOMME (Paul). Paris, 1851.

366. *Idylle.*

Plaque émail. H., o^m 10 ; L., o^m 11. Achetée Exp. univ., 1900.

367. *Cendrier.*

Émail rouge et bleu. Long., o^m 09 ; Larg., o^m 05. Même provenance.

HIRTZ (Lucien). Nancy, 1864.

368. *Coupe à bijoux.*

Émail. Monture vermeil. Long., o^m 115 ; Larg., o^m 09. Offert à M. Vasnier, 1902.

369. *Porte-bouquet.*

Émail. Monture vermeil. H., o^m 14. Offert à M. Vasnier, 1897.

THESMAR (Fernand). Chalon-sur-Saône, 1843 † Paris 1912.

370. *Bonbonnière.*

Émaux translucides. H., o^m 04 ; Diam., o^m 12. Provenance inconnue.

V. TAPISSERIE AUBUSSON
XIXe SIÈCLE

371. *Portrait d'Anne d'Autriche, d'après Rubens*.
Tapisserie encadrée. H., 1 m 165 ; L., 0 m 915. Fig. à mi-corps gr. nat.
Achetée Maison Hamot, 1900.

VI. SCULPTURE

BARTHOLOMÉ (Albert). Thivernal (Seine-et-Oise), 1848.
    372. *Au bord de l'eau*.
Marbre. Acheté gal. Hébrard, 1905.

BARYE (Antoine-Louis). Paris, 1795 † même ville, 1875.
    373. *Thésée et le Minotaure*.
Bronze. Acheté vente Bᵒⁿ Mourre, 1892.
    374. *Tigre marchant*.
Bronze. Même provenance.

BUGATTI (Rembrandt). Milan (?)
    375. *Chienne allaitant ses petits*.
Bronze offert à M. Vasnier par M. Louis Pommery.

CHAVALLIAUD (Léon). Reims, 1858.
    376. *Buste de Mᵐᵉ Vᵛᵉ Pommery, bienfaitrice de la ville de
    Reims*.
Marbre commandé en 1885.
    377. *Buste de M. Henry Vasnier*.
Bronze commandé en 1885.

378. *Buste de M. Adolphe Hubinet.*
Bronze commandé en 1895.

DALOU (Jules). Paris, 1838 † même ville, 1902.
379. *Baigneuse se coupant les ongles.*
Figurine terre cuite. Achetée gal. Durand-Ruel, 1891.

DEPLÉCHIN (Eugène). Roubaix, 1852.
380. *Amphitrite.*
Figurine bronze doré, offerte à M. Vasnier par M. Louis Pommery.

DEVENET (CLAUDE). Uchizy (Saône-et-Loire), 1851.
381. *Femme voilée.*
Buste marbre. Acheté à l'artiste, 1891.

ENGRAND (Georges). Aire-sur-la-Lys (Pas-de-Calais), 1852.
382. *Jeune fille.*
Tête terre cuite. Achetée gal. G. Petit, 1903.

FALGUIÈRE (Alexandre). Toulouse, 1831 † Paris, 1900.
383. *Diane se dévétant.*
Statue debout, marbre. Même provenance.
384. *Diane.*
Buste marbre. Acheté gal. Thiébault frères, 1901.
385. *Danseuse.*
Buste marbre. Même provenance, 1900.

GARDET (Georges). Paris, 1863.
386. *Combat de panthères.*
Groupe marbre gris. Même provenance.

GRÉBER (Henri-Léon). Beauvais (Oise), 1854.
387. *Vierge.*
Buste marbre. Même provenance, 1901.

LOYSEL (Jacques). Courcelles (Indre-et-Loire), 1867.
388. *Étude. Femme nue debout se cachant le visage.*
Figurine bronze. Achetée gal. Gassot, 1905.

389. *Étude. Femme nue debout la poitrine en parade.*
Figurine bronze. Même provenance.

390. *Étude. Femme nue debout, à ses pieds un jeune chat.*
Figurine bronze. Même provenance.

391. *Étude. Femme nue debout s'étirant.*
Figurine bronze. Même provenance.

MEISSONIER (Ernest). Voir Peinture.

392. *Le voyageur.*
Groupe bronze. Acheté gal. Siot-Decauville, 1896.

PRÉVOST (Mme Vve Léonie), née Genty. Amateur.

393. *M. Henry Vasnier assis, tenue de chasseur.*
Terre cuite, offerte à M. Vasnier par l'auteur, 1895.

394. *Le même.*
Bronze. Même provenance.

395. *Fleurs.*
Plaquette terre cuite. Même provenance.

396. *Fleurs.*
Plaquette terre cuite. Même provenance.

RIVIÈRE (Théodore). Toulouse, 1857 † Paris, 1912.

397. *Nymphe et Satyres.*
Petit groupe bronze. Acheté gal. Chaîne et Simonson, 1905.

398. *Danseuses.*
Petit groupe bronze. Même provenance.

RODIN (Auguste). Paris, 1840.

399. *Buste d'enfant. Jeune Alsacienne.*
Marbre. Acheté vente Merlin, 1900.

SAINT-MARCEAUX (René de). Reims, 1845.

400. *Fille de ferme.*
Statue bronze. Achetée Exp. de Reims, 1886.

401. *Masque de femme arabe.*
Pierre dure. Achetée Exp. Cercle Union artistique, 1902.

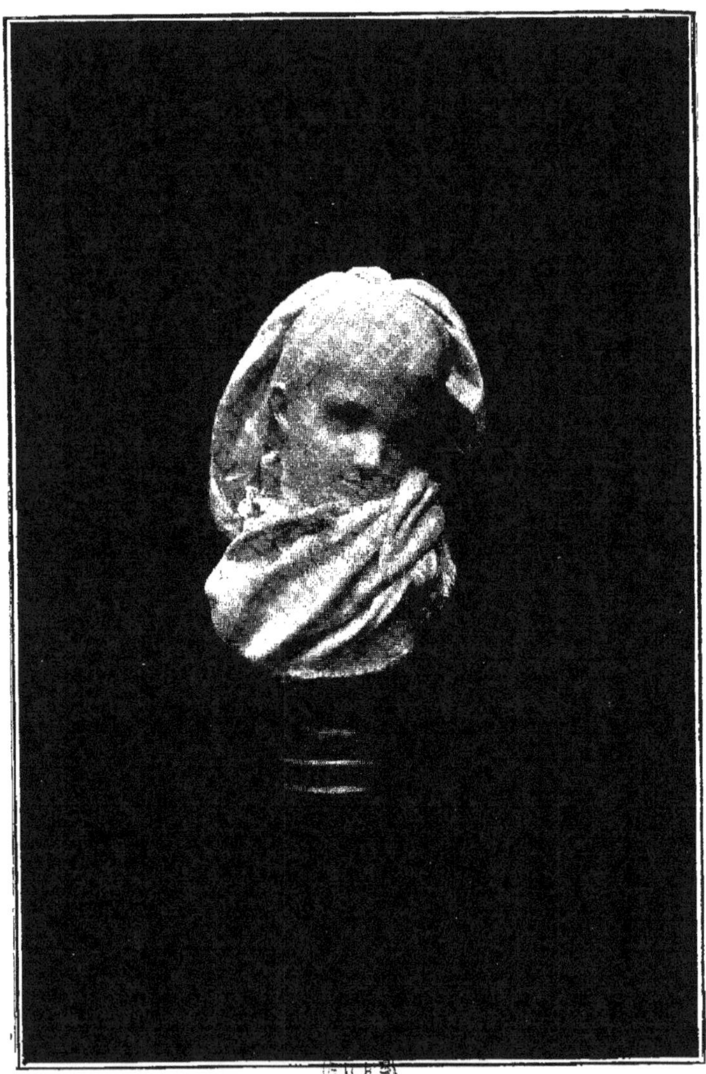

399. — RODIN : *Jeune Alsacienne.*

402. *Charlotte Corday.*
Buste terre cuite. Acheté Exp. Reims, 1896.

403. *Charlotte Corday. Répétition.*
Buste marbre. Commandé à l'artiste, 1899.

404. *Rieuse.*
Buste terre cuite. Acheté gal. G. Petit, 1895.

405. *Le dieu Pan.*
Figurine terre cuite. Achetée Paris, 1893.

INCONNU.

406. « Aux collaborateurs des maîtres artistes. »
Plaquette bronze argenté. Provenance inconnue.

CIRES, IVOIRES

DESCOMPS (Joé). Clermont-Ferrand (Puy-de-Dôme), 1869.
407. *Velleda.*
Figurine ivoire et lapis-lazzuli. Achetée à l'artiste, 1901.

MÈNE (Pierre-Jules). Paris, 1801 † même ville, 1879.
408. *Vainqueur de la course.*
Groupe cire. Acheté vente Mène, 1899.

RIVIÈRE (Théodore). Voir Sculpture.
409. *Phrynée.*
Figurine ivoire. Achetée gal. Chaîne et Simonson, 1906.

VERNHES (Henri). Bozouls (Aveyron), 1854.
410. *Le rieur.*
Buste cire. Acheté à l'artiste, 1894.

411. *La nuit.*
Figurine cire. Achetée gal. G. Petit, 1895.

VII. GRÈS, PORCELAINES

BETLEN (Jules). Exposait en 1902.

412. *La Parisienne.*

Statuette porcelaine blanche. Provenance inconnue.

DALOU (Jules). Voir Sculpture.

413. *Paysan.*

Statue grès gris, Sèvres. Réduction. Achetée vente Dalou, 1906.

414. *La vendange.*

Bas-relief rond, grès gris, Sèvres. Réduction. Même provenance.

415. *Buste de vieillard.*

Grès gris, Sèvres. Même provenance.

416. *Terrassier.*

Figurine grès gris, Sèvres. Même provenance.

417. *Général La Fayette.*

Figurine grès gris, Sèvres. Même provenance.

418. *La vérité méconnue.*

Figurine, biscuit, Sèvres. Même provenance.

DALPAYRAT (Pierre-Adrien). Limoges, 1844.

419. *Carafe à deux becs, anses formées par deux femmes nues.*

Grès vert, patine brune. Provenance inconnue.

420. *Mascaron.*

Grès gris, patine verte. Provenance inconnue.

DAMMOUSE (Albert). Paris, 1848.

421. *La Pudeur.*

Figurine grès, patine brune, sculpture de G. Michel. Achetée à l'artiste, 1897.

DELH (?).

422. *Amour agenouillé lançant une flèche.*
Biscuit, socle fond vert, décor or, style empire. Offert à M. Vasnier.

FEURE (**Georges de**). Paris (?). Expose Société nationale depuis 1896.

423. *En promenade.*
Petit groupe porcelaine grise. Provenance inconnue.

424. *Petite paysanne.*
Cachet porcelaine bleutée. Provenance inconnue.

LACHENAL (**Edmond**). Paris (?).

425. *Maternité.*
Petit groupe biscuit teinté. Sculpture de Mme A. de Frumerie. Provenance inconnue.

426. *Idylle.*
Pichet forme droite, grès vert. Sculpture de Mme A. de Frumerie. Provenance inconnue.

MULLER (**Émile**). Mulhouse (?).

427. *Masque de Gounod.*
Grès vert. Sculpture de J. Franceschi. Provenance inconnue.

428. Buste du *Bambino boudeur*, d'après Donatello.
Grès gris, reflet vert. Provenance inconnue.

SÈVRES. Manufacture nationale.

429. *Le sommeil. Femme nue assise sur un pavot.*
Biscuit. Acheté Salon 1905.

SUDRE (**Raymond**). Perpignan, 1870.

430. *Gélida.*
Porcelaine de Sèvres, cristallisations azur. Acheté à l'artiste.

INCONNU.

431. *Chien de chasse debout.*
Faïence émaillée. Provenance inconnue.

VIII. ÉTAINS

BAFFIER (Jean). Neuvy-le-Barrois (Cher), 1851.

432. *Cruche.*

Achetée gal. Siot-Decauville, 1896.

433. *Sucrier.*

Même provenance.

434. *Drageoir.*

Anses, bustes de femmes. Même provenance.

BRATEAU (Jules). Bourges, 1844.

435. *Chrysanthèmes.*

Grand plat rond. Acheté Exp. Univ. 1900.

436. *Vescia des Haies.*

Plateau rond. Même provenance.

437. *Au gui l'an nouveau.*

Plateau rond. Même provenance.

438. *Plantes aquatiques.*

Gobelet. Même provenance.

439. *Olivier.*

Gobelet. Même provenance.

DESBOIS (Jules). Percay, 1851.

440. *Hébé.*

Plat rond. Acheté Exp. de Reims, 1894.

441. *Ève.*

Plat rond. Même provenance.

LARROUX (Antonin). Toulouse, 1859.

442. *Les Blés.*

Grand vase, panse arrondie. Sur le col, quatre personnages sculptés.
Acheté à l'artiste, 1895.

LEDRU (Auguste), fils. Paris.

443. *Cruche.*
Achetée gal. Thiébault frères, 1894.

444. *La vague. Coquille et femme.*
Coupe. Acheté gal. Susse frères.

445. *Étoile du matin.*
Plat ovale. Même provenance, 1894.

446. *Badinage.*
Plat ovale. Même provenance.

447. *La pêche.*
Plat ovale. Même provenance.

IX. VERRERIES FRANÇAISES
XIXe SIÈCLE

DAMMOUSE (Albert). Voir page 38.

448. Petite coupe, guirlande de vigne vierge et baies rouges sur fond blanc. Support argent.
Achetée Exp. Univ. 1900.

449. Vase, décor feuilles de vigne en relief sur fond bleuté.
Même provenance.

450. Gobelet, bord feuillage sur fond turquoise.
Même provenance.

451. Coupe haute, bordure trèfle à fleurs jaunes sur fond gros bleu.
Même provenance.

452. Coupe haute, feuilles de vigne en relief sur fond vert bleu.
Même provenance.

453. Coupe décor primevères sur fond bleu, support argent.

Achetée gal. Chaîne et Simonson, 1902.

454. Petite coupe, bord dentelé, décor algue sur fond bleu pâle.

Achetée Salon, 1905.

455. Petite coupe, bord bleu pâle, décor vigne vierge, baies bleu foncé.

Même provenance.

DAUM (**Antonin**). Bitche (Moselle), 1864.

456. Coupe à pied, jaune, bord rosé, décor hortensias en relief, papillons et libellules.

Provenance inconnue.

GALLÉ (**Émile**). Nancy, 1846 † même ville, 1904.

457. Potiche allongée, iris gravés en haut-relief sur fond vert.

Achetée Exp. univ. 1900.

458. Bouteille, orchidées rouges, gravées sur fond vert d'eau.

Même provenance.

459. Calice sur pied creux, raisins jaunes et violets gravés.

Même provenance.

460. Vase forme urne, grains de raisins en relief sur fond vert pâle avec devise : « Les globes, fruits vermeils des divines ramées. »

Même provenance.

461. Coupe sur pied, jade blonde, applications d'orchidées en haut relief et gravées.

Achetée en 1904.

462. Vase soliphon méplat, long col, orné de clématites.

Offert à M. Vasnier.

463. Petit vase, paysage dans la masse sur socle écaille gravé.
Offert à M. Vasnier.

X. VERRERIES ÉTRANGÈRES
XIXe SIÈCLE

LOETZ (Jean). Cristallerie de Bohême (Autriche).

464. Petite jardinière, décor or, sur fond bleu, reflets métalliques.
Provenance inconnue.

MURANO (Cristallerie de). Venise.

465. Coupe creuse à dessins bleus, jaunes et blancs.
Offert à M. Vasnier par M. Louis Pommery.

TIFFANY (Louis-Comfort). New York (?).

466. Vase « favrile glass » jaune et vert.
Acheté à l'artiste, 1895.

XI. CÉRAMIQUE FRANÇAISE
XIXe SIÈCLE

BIGOT (Alexandre). Mer (Loir-et-Cher), 1862.

467. Vase grès flammé, coulées grises et brunes.
Acheté à l'artiste, 1905.

468. Marmite grès flammé, couvercle côtelé, couverte bleue sur fond brun.

Même provenance.

469. Grand plat rond, grès gris, tête de femme en relief, fond émail vert foncé.

Provenance inconnue.

470. Plat rond, grès gris, grenouille en relief, fond émail brun.

Provenance inconnue.

CHAPLET (Ernest). Sèvres, 1835 † Choisy-le-Roy, 1909.

471. Paire de grands vases, forme urne, porcelaine flammée, coulées rouges et bleues, sur fond blanc.

Achetés en 1890.

472. Paire de grands vases cylindriques, porcelaine flammée, marbrures rouge, bleu, violacé, vert et bleu pâle.

Achetés en 1891.

473. Paire de vases, forme urne, porcelaine poreuse ; l'un gris foncé et bleu, l'autre gris pâle et bleu.

Achetés en 1892.

474. Vase porcelaine flammée, jaspures noires sur fond vert.

Provenance inconnue.

475. Vase porcelaine flammée, même forme que le précédent, scories grises sur fond turquoise.

Acheté gal. G. Petit. 1899.

476. Grande bouteille, col cigogne, porcelaine flammée, couverte rouge, pointillé bleu.

Achetée Exp. univ. 1900.

477. Bouteille porcelaine flammée, forme sphérique, col fuseau, jaspures rouges, bleues et vertes sur fond gris.

Provenance inconnue.

478. Flacon porcelaine flammée, forme courge, couverte rouge et bleue sur fond blanc.

Provenance inconnue.

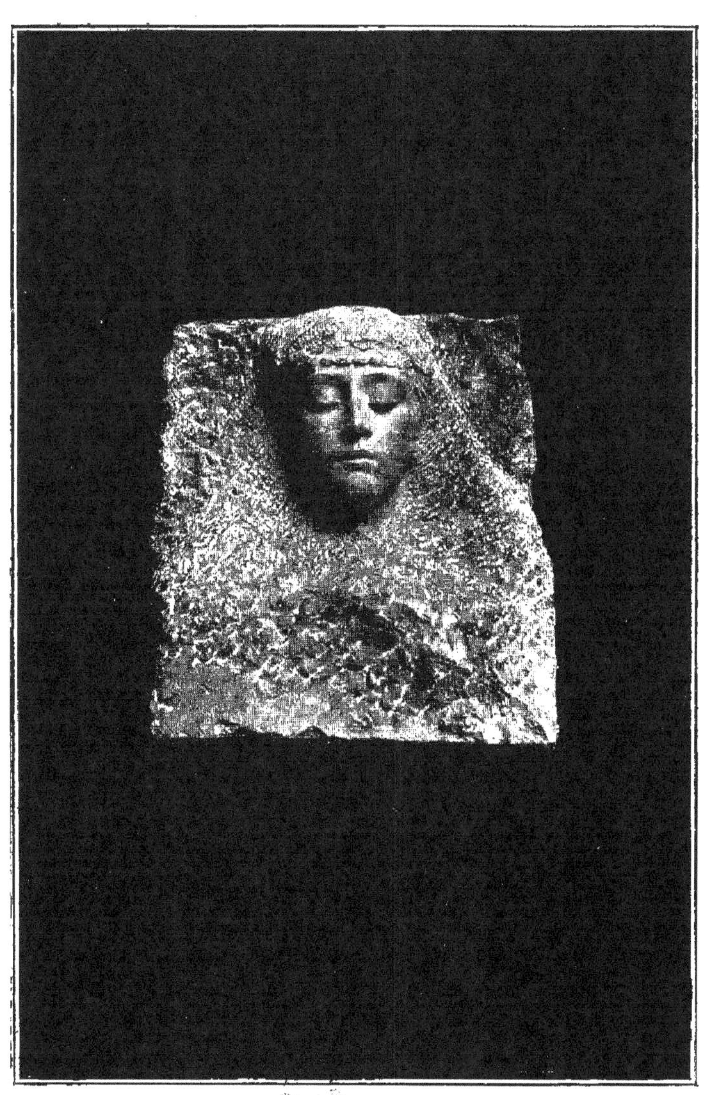

401. — SAINT-MARCEAUX (René de). *Masque de Femme arabe.*

479. Flacon porcelaine flammée, forme quadrangulaire, jaspures rouges et bleues sur fond gris.
Provenance inconnue.

480. Flacon porcelaine flammée, panse arrondie, col à renflement, jaspures rouges sur fond bleu.
Provenance inconnue.

481. Flacon porcelaine flammée, granulé rougeâtre, coulées bleues.
Provenance inconnue.

DALPAYRAT (Pierre-Adrien). Voir page 38.

482. Petite cruche grès, forme large et basse, cabossée, reflets or sur fond rouge.
Provenance inconnue.

483. Vase grès verdâtre, marbrures rouges, décor lézard enroulé.
Provenance inconnue.

484. Flacon grès, jaspures vertes, taches rouges sur fond gris.
Provenance inconnue.

485. Flacon grès gris, reflets argentés, marbrures et pointillé vert sur rouge.
Provenance inconnue.

486. Vase grès forme conique, pointillé vert et rouge sur fond jaune.
Provenance inconnue.

487. Carafe grès, col allongé double bec, coulées violacées sur fond grisâtre.
Provenance inconnue.

488. Vase grès, forme ovoïde, col bas à renflement évasé, pointillé vert et rouge sur fond jaune.
Provenance inconnue.

489. Vase grès, forme ovoïde, col bas à double renflement, coulées bleues, pointillé vert sur fond jaunâtre.
Provenance inconnue.

490. Grand plat rond, grès gris, fond émail bleu, pointillé vert sur rouge.

Provenance inconnue.

491. Plat rond, grès gris, fond émail, pointillé vert sur couverte rouge.

Provenance inconnue.

492. Huilier, trois pièces faïence blanche, décor bleu, fleur de lis et chiffre de François Ier en or.

Provenance inconnue.

DAMMOUSE (Albert). Voir page 38.

493. Grand vase grès, décor iris, marguerites et œillets sur fond gris.

Acheté salon 1897.

494. Plat faïence, bord bleu dentelé, décor anémones sur fond blanc.

Même provenance.

495. Plat faïence, bord bleu foncé, décor anémones sur fond jaune.

Même provenance.

496. Coupe haute porcelaine, émaux de grand feu, décor chrysanthèmes sur fond bleuté.

Acheté gal. Chaîne et Simonson, 1902.

497. Pichet grès, coulures violacées sur fond clair, décoré de fleurs stylisées sur fond jaune.

Même provenance.

498. Vase ovale, porcelaine, décor nénuphars sur fond gris.

Acheté Salon, 1905.

499. Pichet, porcelaine grise, décor feuillage. Modèle de P. Seguin.

Même provenance.

500. Vase fuseau, porcelaine, décor fleurettes blanches, coulées rouges sur fond blanc.

Même provenance.

501. Gobelet porcelaine, décor chardons, coulées rouges sur fond blanc.

Même provenance.

502. Petit vase porcelaine, décor feuillage, coulées rouges sur fond gris.

Même provenance.

DECŒUR (Émile). Paris, 1876.

503. Petit vase grès, forme ronde, col évasé, granulé bleu et brun sur fond gris.

Acheté Salon 1905.

504. Flacon porcelaine, forme courge, moucheté rouge et bleu sur fond gris.

Même provenance.

505. Vase grès, coulées blanches et grises sur fond noir.

Même provenance.

506. Vase grès vernissé, côtelé, à épaulements, col ajouré, coulures bleues et rouges sur fond brun.

Même provenance.

507. Coupe creuse, grès, forme basse, bord côtelé, taches rouges et bleues sur fond gris.

Même provenance.

508. Bouteille grès, long col moucheté rouge et vert sur couverte grise, fond brun.

Acheté Salon, 1906.

509. Potiche grès, forme ovoïde, taches vertes, coulées grises sur fond brun.

Même provenance.

510. Vase porcelaine, forme ronde, couverte rouge, moucheté vert sur fond gris.

Même provenance.

DELAHERCHE (Auguste). Beauvais, 1857.

511. Paire de vases grès, forme cylindrique, décor boules de neige sur fond violacé.

Achetés Salon, 1893.

512. Vase porcelaine, coulées jaunes sur fond blanc.
Acheté Exp. Rivaud, 1904.

513. Coupe creuse, porcelaine, bord jaune, coulées verdâtre et rose sur fond blanc.
Même provenance.

514. Vase grès vernissé, forme évasée, jaspé bleu foncé sur fond brun.
Acheté Salon, 1905.

515. Vase grès vernissé, forme bonbonne à quatre épaulements, coulées brune et bleue sur fond gris.
Même provenance.

516. Vase grès vernissé, forme ovoïde à renflement, jaspé bleu foncé sur fond bleu.
Provenance inconnue.

517. Grand plat rond, grès gris, bord jaspé bleu, taches vertes et rouges.
Provenance inconnue.

DOAT (Taxile). Albi (Tarn), 1851.

518. *Les Arts décoratifs.* Grand plat rond en porcelaine dure, décoré de pâtes d'application et couvertes mates.
Acheté Exp. univ. 1900.

519. *La Poésie.* Vase forme coloquinte à long col, porcelaine dure, fond blanc, décoré de camées en pâte d'application.
Même provenance.

GLATIGNY (ateliers de). Versailles 1895 à 1905 ?

520. Grand vase porcelaine, fond rouge, scories blanches, taches vertes dans le haut.
Provenance inconnue.

521. Urne à deux épaulements, porcelaine, décor en relief sur fond brun.
Provenance inconnue.

522. Grand vase porcelaine, scories blanches et grises sur fond vert clair.
Provenance inconnue.

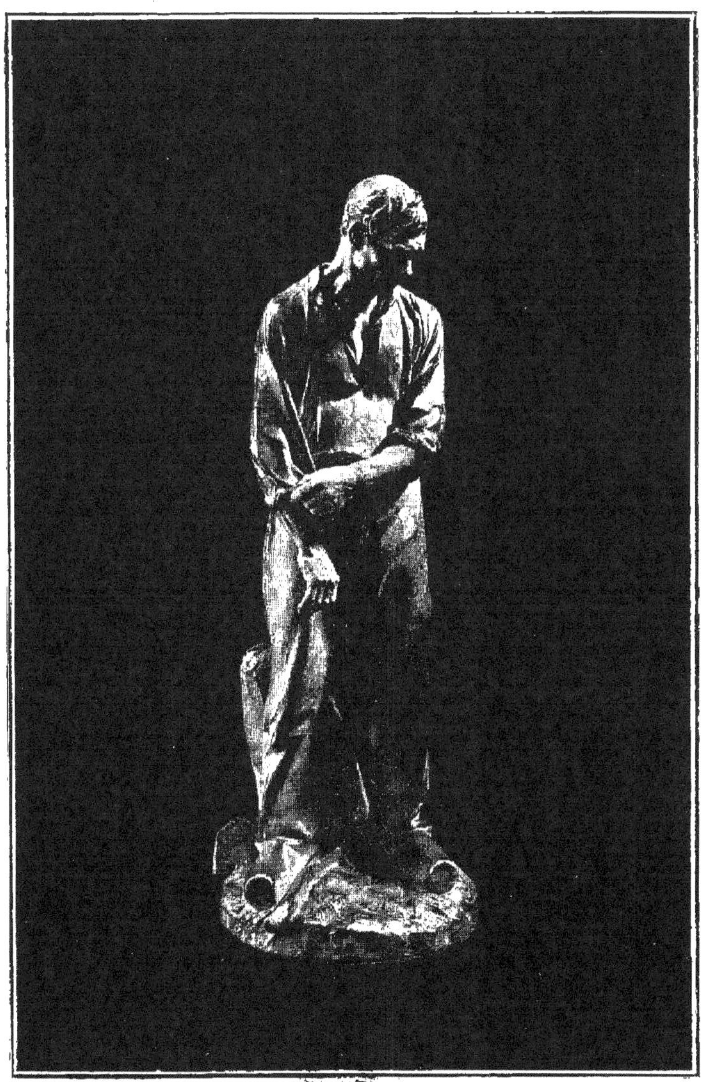

413. — DALOU. *Paysan*.

JACOB frères. Navilly (Saône-et-Loire), 1886.

523. Coupe porcelaine, forme feuille, décor femme en relief, couverte rouge, pointillé vert, taches bleues sur fond gris.

Provenance inconnue.

524. Pichet grès jaunâtre, couverte bleue, semis de petits dessins vert foncé.

Provenance inconnue.

525. Petit vase grès vernissé, forme quadrangulaire, coulées bleu foncé sur fond brun.

Provenance inconnue.

526. Petit vase grès, pendant au précédent, marbré bleu sur fond gris.

Provenance inconnue.

527. Petit vase grès, taches rouges et vertes sur fond gris.

Acheté en 1893.

528. Flacon grès vernissé, panse arrondie, col à renflement, taches verdâtres sur fond gris.

Même provenance.

529. Flacon grès vernissé, même forme, taches violacées sur fond bleu pâle.

Même provenance.

530. Flacon grès, pointillé bleu, taches rouges sur fond gris foncé.

Même provenance.

531. Flacon grès vernissé, couverte grise, taches noires et jaunâtres.

Même provenance.

LACHENAL (Edmond). Voir page 39.

532. Vase grès, panse arrondie, col élancé, coulées rouge violacé sur fond gris.

Provenance inconnue.

533. Cafetière sur présentoire, faïence fond jaune, décor chimères bleues, cabochons turquoise.

Provenance inconnue.

LANDRY (Abel). Limoges, 1868.

534. Vase bois, deux tons, forme triangulaire, décor glycine, inscrustations argent.

Acheté gal. Chaîne et Simonson, 1903.

535 Même vase porcelaine, avec parties recouvertes de grès, décor glycine sur fond vert.

Même provenance.

MASSIER (Clément). Vallauris (Alpes-Maritimes), 1844.

536. *Les pommes de pin.* Plat rond faïence, reflets métalliques, fond rouge.

Provenance inconnue.

537. *Les œillets.* Grand plat faïence, reflets métalliques, fond rouge et bleu.

Provenance inconnue.

538. *Les étoiles d'or*, grand vase faïence, forme urne, fond vert et bleu.

Provenance inconnue.

539. *Les épis.* Vase faïence à quatre épaulements, reflets violet et brun clair.

Offert à M. Vasnier.

540. *Les roseaux.* Petite coupe creuse faïence, fond vert.

Provenance inconnue.

541. Petite coupe creuse faïence, reflets multicolores.

Provenance inconnue.

542. Vase à oreilles faïence, décor fleurs, reflets verts, fond rouge.

Provenance inconnue.

MILET (Félix-Optat). Martincamp (Seine-Inférieure), 1838 † Sèvres, 1911.

543. Vase porcelaine, Sèvres, imitation Chine, forme quadrangulaire, décor bleu sur fond violet.

Provenance inconnue.

MILET (Paul). Sèvres (Seine-et-Oise), 1870.

544. Gourde grès, Sèvres, décor algues, crabe et coquillage, fond gris.

Acheté à l'artiste, 1900.

545. Vase grès, Sèvres, à épaulements, décor vert en relief sur fond brun.

Même provenance.

546. Vase potiche grès gris, Sèvres, décor pavots bruns sur écusson vert.

Même provenance.

MOREAU-NÉLATON (Étienne). Paris, 1859.

547. Petit vase grès, coulées grises sur fond vert, pointillé bleu.

Acheté Salon, 1905.

548. Vase grès, col cône, coulées brunes et bleues foncées sur fond gris.

Même provenance.

549. Vase grès vernissé, taches noires, décor rouge, fond gris.

Même provenance.

550. Tasse à anse grès, forme droite, taches brunes sur fond vert.

Même provenance.

551. Vase potiche grès vernissé, taches jaunes, bleues et verdâtres sur fond gris.

Même provenance.

552. Sucrier grès vernissé, graines en relief, taches bleues sur fond gris.

Même provenance.

553. Sucrier grès gris, moucheté vert, décor feuilles; prunes en relief sur le couvercle.

Même provenance.

NAUDOT (Camille). Paris, 1862.

554. Jatte carrée, porcelaine tendre, décor trèfle vert et or, mouches, fond blanc.
Provenance inconnue.

555. Tasse à café et soucoupe, porcelaine tendre, décor soleils transparents à jour, fond blanc.
Provenance inconnue.

556. Coupe à pied, porcelaine tendre, décor flox rubis transparents à jour et sur pâte. Commandée en 1901.
Commandée en 1901.

PULL (Jules-Louis). Paris. Fils et successeur de Pull père, depuis 1889.

557. Petit vase grès, bleu foncé, coulées bleu pâle.
Provenance inconnue.

558. Vase grès, panse arrondie, col élancé, taches bleues sur fond vert.
Provenance inconnue.

559. Vase grès, col bas, coulées rouges sur fond bleu.
Provenance inconnue.

560. Vase grès, quatre épaulements, coulées brunes, taches bleues sur fond vert.
Provenance inconnue.

561. Vase grès bleu pâle, jaspures bleues foncées.
Provenance inconnue.

562. Petit vase grès, coulées brunes sur fond vert.
Provenance inconnue.

563. Petit vase grès, coulées rougeâtres sur fond bleu.
Provenance inconnue.

CÉRAMIQUE ÉTRANGÈRE

CHINE XVIIᵉ SIÈCLE

564. Bouteille piriforme allongée, grès flammé brun, bleu et blanc.
Vente Goncourt, 1897.

CHINE 1723-1736

565. Coupe porcelaine flammée, forme pêche de longévité, socle bois nature.

CHINE 1736-1796

Même provenance.

566. Coupe creuse, porcelaine flammée rouge et bleu, couverte gris craquelé, socle bois.
Même provenance.

FIN XIXᵉ SIÈCLE

AMSTELHOEK. Amsterdam.
567. Vase forme allongée, losanges blancs et gris à points jaunes.
Provenance inconnue.

ANGLAISE. Manufacture.
568. Vase faïence à double renflement, dessins bruns et noirs sur fond jaune.
Provenance inconnue.

COPENHAGUE: Manufacture royale.
569. Plat rond porcelaine, décor paysage, effet de neige.
Offert à M. Vasnier.

JAPON. Poterie de Koutani.

570. Grand plat, décor chrysanthèmes et oiseaux, mélange d'or sur fond jaune, bordure à losanges.
Vente Goncourt, 1897.

LERCHE (Hans-Staltenberg). Dusseldorf, 1867.

571. Plaquette terre vernissée, décor enfant en relief.
Achetée en 1904.

RORSTRANDT (Gustafsberg). Stockholm.

572. Bouteille porcelaine bleutée, décor algues et crabe en relief sur fond gris.
Provenance inconnue.

ROZENBURG. Société anonyme, La Haye (Pays-Bas).

573. Amphore faïence, anses et col jaunes, décor feuillage, dessins bleus, pavots bruns sur fond vert.
Provenance inconnue.

INCONNU.

574. Petit chien basset, porcelaine, décor blanc et gris.
Provenance inconnue.

575. Petite souris, porcelaine blanche.
Provenance inconnue.

XIII. LIVRES

576. FLORIAN (J.-P. Claris de). *Kédar et Améla*, illustré. In-12, japon, reliure de Champs-Stroobants. Paris, A. Ferroud, 1901.
Acheté à M. E. Renart, 1905.

577. GAUTIER (Théophile). *Omphale*, illustré. In-12 vélin d'Arches, reliure de Pagnant. Paris, A. Ferroud, 1896.
Même provenance.

578. GRESSET, *Vert-Vert*, édition mignardise, reliure de David. Paris, Laurent et Deberny.
Même provenance.

579. LA FONTAINE. *Fables*, édition miniature, reliure de David. Paris, Laurent et Deberny.
Même provenance.

580. LEROY. *Les Contes Champenois*. In-16, reliure de Pagnant. Épernay, Bonnedame, 1885.
Même provenance.

581. MORIN (Louis). *Vieille Idylle*. In-12 vélin, reliure de Pagnant. Paris, L. Conquet, 1891.
Même provenance.

582. RÉGNARD (J.-F.). *Voyage en Normandie*. In-16, japon, reliure de Pagnant. Évreux, Charles Hérissey, 1883.
Même provenance.

583. SOULIÉ (Frédéric). *Le Lion Amoureux*. In-12, hollande, reliure de Pagnant. Paris, L. Conquet, 1882.
Même provenance.

584. THEURIET (André). *Les œillets de Kerlaz*, édition originale illustrée. In-12, reliure de David. Paris, L. Conquet, 1885.
Même provenance.

585. INCONNU. *Madame Deshoulières*. In-16, reliure de David. Paris, Le Fuel.
Même provenance.

586. INCONNU. *Histoire des Amours d'Henri IV*. In-16, reliure de Thibaron-Joly. Leyde, Jean Sambyx, 1664.
Provenance inconnue.

XIV. MEUBLES

GALLÉ. Voir page 42.

587. *Souvenirs d'Arménie*. Commode sculptée, incrustée de bois polychromes, marbre onyx avec inscriptions.

Achetée Exp. Gallé, 1901.

588. Étagère « ombellifère » sculptée, inscrustée de bois polychromes.

Même provenance.

LOUCHET (Paul). Paris (?)

589. Vitrine bois acajou, glaces sur cinq faces.

Achetée Exp. Louchet, 1900.

590. Deux sellettes bois acajou.

Même provenance.

INCONNU.

591. Deux colonnes onyx blanc.

Achetées, 1892.

592. Deux colonnes marbre brèche violette, chapiteaux et embases bronze doré.

Achetées Hôtel Drouot, 1886.

593. Une colonne onyx vert du Mexique.

Achetée, 1897.

TABLE DES MATIÈRES

Pages

MACON, PROTAT FRÈRES, IMPRIMEURS

MACON, PROTAT FRÈRES, IMPRIMEURS.